CONSTRUINDO
VALORES

Fernando Marchesini

Construindo Valores

A gestão de valores e das impressões como diferencial nos resultados empresariais

1ª edição

Editora Leader.

São Paulo, 2017

Copyright© 2017 by **Editora Leader**
Todos os direitos da primeira edição são reservados à **Editora Leader**

Diretora de projetos
Andréia Roma

Diretor Executivo
Alessandro Roma

Projeto gráfico e diagramação
Roberta Regato

Revisão
Miriam Franco Novaes

Impressão
F8 Books

Dados Internacionais de Catalogação na Publicação (CIP)
Bibliotecária responsável: Aline Graziele Benitez CRB-1/3129

M264c   Marchesini, Fernando
            Construindo valores / Fernando Marchesini. – 1.ed. –
São Paulo: Leader, 2017.

            ISBN: 978-85-66248-91-3

            1. Marketing. 2. Estratégia. 3. Valores. 4. Performance. I. Título

            CDD 658.8

Índice para catálogo sistemático: 1. Marketing: estratégia 658.8

EDITORA LEADER
Rua Nuto Santana, 65, 2º andar, sala 3
02970-000, Jardim São José, São Paulo - SP
(11) 3991-6136 / andreiaroma@editoraleader.com.br
<u>Atendimento às livrarias:</u>
Liliana Araujo / lilianaaraujo@editoraleader.com.br
<u>Atendimento ao cliente</u>:
Rosângela Barbosa e Érica Rodrigues / contato@editoraleader.com.br

Dedicatória

Às minhas amadas filhas Mariana e Ana Luiza Marchesini pela compreensão, pelo amor, pelo carinho, pela paciência e pelo apoio nos momentos mais difíceis de nossas vidas.

Aos meus pais, Roberto Francisco Marchesini e Theresinha de Jesus de Andrade Marchesini (*in memoriam*), aos meus avós paternos, Stefano Marchesini (*in memoriam*) e Romilda Fagundes Marchesini (*in memoriam*) e maternos, Sigismundo Carlos de Andrade (*in memoriam*) e Nilza Carvalho de Andrade (*in memoriam*), pela educação recebida, pela formação da minha personalidade e do meu caráter.

Aos meus irmãos Maurício, Paulo, Luiz, Christiano e à minha irmã Roberta, pelo carinho, dedicação, amizade e construção da nossa base familiar.

Aos meus padrinhos e tios Fernando Carlos de Andrade (*in memoriam*) e Marilda Fonseca Marchesini pelos momentos de alegria e ternura durante a minha vida.

A todos os meus familiares e amigos que tanto me incentivaram e apoiaram.

Com todo o meu respeito, carinho e admiração,

Fernando Roberto de Andrade Marchesini

Epígrafe

"Você pode tirar de mim todas as minhas fábricas, queimar todos os meus prédios, mas se me der todo o meu pessoal, eu construirei outra vez todos os meus negócios."

"Se todos estão indo adiante juntos, então o sucesso encarrega-se de si mesmo."

Henry Ford

ÍNDICE

Resumo **10**
Abstract **11**
Introdução **12**
    Objetivo geral 14
    Objetivos específicos 14
    Relevância 15
Capítulo 1 - O estudo do Valor. **17**
    1.1. Por que fazer Marketing? 17
    1.2. Percepção de Valor 21
    1.3. Processos de Valores 23
    1.4. Criando um Campo de Valor 25
    1.5. Sistema de aumento de Valor 27
    1.6. Faz diferença? 32
Capítulo 2 - Teoria Institucional. **35**
    2.1. A institucionalização 36
    2.2. O ambiente institucional 37
    2.3. A interação com o ambiente em busca da legitimação 38
    2.4. O estudo da cultura organizacional 40
    2.5. A importância da imagem corporativa 41

Capítulo 3 - O comportamento do consumidor. 49
3.1. Os clientes atuais 50
3.2. A homogeneidade na percepção da marca 51
3.3. A sensibilidade 53
3.4. O estudo da percepção no ambiente sociocultural 54
3.5. O processo perceptivo 56
3.6. A influência dos estados emocionais na percepção do consumidor 60
3.7. As diferentes formas de percepção de uma sociedade 63

Capítulo 4 - O posicionamento organizacional. 67
4.1. O posicionamento no mercado 68
4.2. A imagem corporativa versus posicionamento 70
4.3. Sobrevivência empresarial em mercados dinâmicos 73
4.4. Como a empresa deve conquistar a confiança do público? 75
4.5. Formas de relacionamento entre a empresa e a sociedade 76
4.6. As empresas globais 78
4.7. A identidade da empresa e as percepções do mercado 80

Capítulo 5 - Responsabilidade social. 85
5.1. A realidade social nas organizações 86
5.2. Empresas socialmente responsáveis 88
5.3. Ética, responsabilidade social e o Marketing 91
5.4. A sociedade, a responsabilidade social e o processo de legitimidade 92

Capítulo 6 - O Gerenciamento de Valores e das impressões. 95
6.1. Imagem social 96
6.2. Estratégias de gerenciamento de impressões 97
6.3. Táticas de gerenciamento de impressões 99
6.4. O gerenciamento de impressões e o processo de legitimação 101
6.5. Os Valores das empresas 102
6.6. A gestão do capital humano 103

Conclusão 109

Bibliografia 114

Resumo

Este livro tem por objetivo identificar a relevância da utilização da Gestão de Valores e das impressões como instrumentos de busca, pelas empresas, de sua legitimação no ambiente em que atuam. Para tal, foi realizada pesquisa bibliográfica e documental com o objetivo de buscar na literatura a argumentação para descrever como as empresas, por meio daquele gerenciamento, buscam a legitimação, isto é, a conquista e a manutenção dos públicos de seu interesse, com vistas a promover ações de compra e, consequentemente, a melhoria nos resultados empresariais. Para as organizações alcançarem o sucesso desejado no gerenciamento de impressões e dos valores, conquistando a preferência dos consumidores, devem ser utilizadas estratégias e táticas no tocante à comunicação corporativa, ao endomarketing e à gestão dos valores emocionais. A teoria de gerenciamento de impressões, associada aos aportes oriundos do campo da comunicação corporativa e do gerenciamento estratégico de valores emocionais, pode auxiliar e enriquecer o entendimento do processo através do qual as organizações obtêm a legitimidade em seus espaços sociais, conquistando, dessa forma, destaque no cenário competitivo em que se encontram e melhoria nos resultados empresariais.

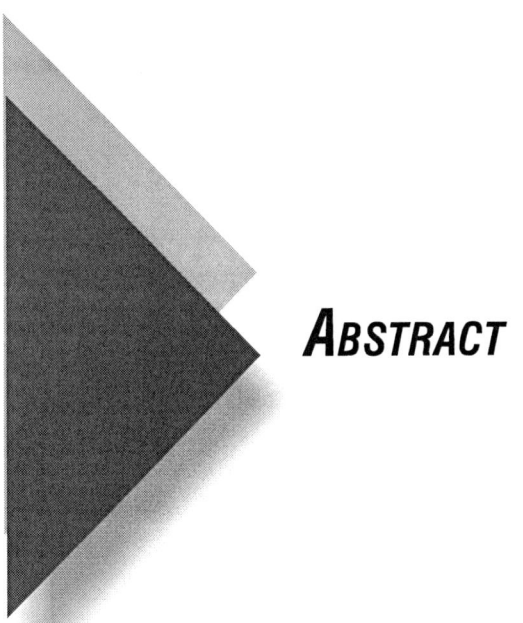

ABSTRACT

This book aims to identify the relevance of the use of managing impressions and management techniques like search instrument Values, by companies of their legitimacy in the environment in which they operate. To this end, bibliographical and documentary was aiming to get the argument in the literature to describe how companies, by means of that management, seeking the legitimacy that is the achievement and maintenance of the public interest, in order to promote actions of purchase and, consequently, the improvement in business results. For organizations achieve the desired success in managing impressions and values, conquering the preference of consumers, must be used in relation to the strategies and tactics corporate communication, Endomarketing and management of emotional values. The management theory of impressions, associated with the contributions from the field of corporate communications and strategic management of emotional values, can help and enrich the understanding of the process by which organizations obtain legitimacy in their social spaces thus gaining prominence in the competitive landscape in which they find themselves and improved business results.

Introdução

Estamos vivendo uma nova era. O cenário que se apresenta é um cenário de mudanças constantes em que, a cada dia, nos tornamos pessoas mais exigentes.

Buscamos **MAIS** qualidade de vida, **MAIS** confiança nas pessoas, **MAIS** confiança nos produtos que adquirimos, **MAIS** benefícios, **MAIS** diferenciais, **MAIS** valor agregado aos produtos ou serviços, enfim, procuramos direcionar nossas exigências no sentido de conquistarmos as palavras da moda:

- SATISFAÇÃO,
- COMPETÊNCIA
- PREFERÊNCIA,
- COMPROMETIMENTO,
- VALORES.

O objetivo principal das empresas modernas passa a ser a obtenção de resultados através da conquista e da manutenção dos seus clientes, pois a similaridade de produtos e serviços é extremamente grande e os diferenciais competitivos estão se tornando os grandes recursos adotados por elas na busca do sucesso.

Pode-se observar o grande salto dado pelo Marketing nos últimos cinco anos no Brasil e no mundo em virtude das infinitas possibilidades decorrentes do impacto e da utilização das novas tecnologias e seu permanente desenvolvimento e, no Brasil, muito especialmente a partir do Plano Real, pela estabilização e abertura da economia e consequente aumento da concorrência, o que criou, finalmente, as condições ambientais ideais para a prática e a valorização do Marketing institucional.

Para os pioneiros em sua adoção e prática, o Marketing passou a ser uma ideologia, uma crença rapidamente incorporada ao comportamento de empresas e pessoas, o que é muito fácil de se constatar pela maneira como raciocinam, relacionam-se, planejam e, principalmente, agem.

Por outro lado, as empresas modernas, que buscam a satisfação de seus clientes e a realização de seus objetivos, não devem, em nenhum momento, deixar de lado a disciplina e o dever de *comunicar-se* com regularidade e frequência. Pode-se afirmar que a partir da implantação de estratégias de comunicação entre a empresa e a sociedade surge então um novo processo chamado *"Gestão de Valores"*.

Este livro tem como principal objetivo mostrar as diferentes abordagens sobre Gerenciamento Estratégico dos Valores e a importância da gestão das impressões, voltado para a criação de um Campo de Valor através do Marketing, em que as pessoas têm fundamental importância no processo como um todo, procurando defender a difícil missão de **"SEREM FELIZES"**, conquistando, dessa forma, o sucesso e o resultado empresarial tão almejados neste século.

Fernando Marchesini, *PhD.*

Objetivo geral

O estudo busca explicitar qual a importância do gerenciamento de valores e das impressões para a melhoria dos resultados organizacionais, para a sobrevivência organizacional, para a manutenção da imagem corporativa e para o fortalecimento da sua legitimidade no ambiente social em que atua.

O principal objetivo é demonstrar que em empresas onde os colaboradores trabalham mais felizes, contentes, satisfeitos e, consequentemente, mais comprometidos, os resultados são mais satisfatórios, pois geram percepções positivas para seus clientes.

Objetivos específicos

Os objetivos específicos propostos nesta pesquisa são:

➢ Descrever qual a importância da responsabilidade social para o gerenciamento de impressões.

➢ Avaliar como a empresa deve agir com os seus funcionários, colaboradores e clientes internos para fazer com que trabalhem mais motivados e comprometidos.

➢ Comparar as melhores estratégias de posicionamento de mercado e verificar qual deve ser adotada pela organização.

➢ Avaliar qual a importância do *Endomarketing* como ferramenta de integração entre as áreas da organização e qual o impacto dessa integração nos resultados empresariais.

➢ Verificar como o ambiente organizacional pode influenciar nos resultados organizacionais.

Os objetivos, geral e específicos, apontados buscam resolver o problema da pesquisa, ou seja, demonstrar que funcionários felizes resultam em melhores resultados e maiores lucros e funcionários infelizes resultam em maiores prejuízos para as organizações.

O foco do presente estudo é demonstrar que as empresas que fazem maiores investimentos em seus clientes internos tendem a obter maiores resultados, conquistando, dessa forma, a preferência dos seus clientes externos e, consequentemente, obtendo maiores resultados para a empresa.

Relevância

Os desafios que a nova tecnologia apresenta ficam claramente expostos sob o foco do Marketing um-a-um. Os consumidores estão cada vez mais imprevisíveis, independentes e exigentes e, partindo desse pressuposto, as empresas passam a ter grandes possibilidades de ligar-se aos clientes de forma individual e personalizada.

A relevância do presente estudo provém da atualidade do tema e da necessidade das empresas que atuam no Brasil e no mundo de manterem seus clientes sempre ativos, observados seus novos valores, desejos, expectativas, impressões e comportamentos de compra, conquistando, dessa forma, sua legitimidade no ambiente social no qual atua. É também relevante para os novos gestores e administradores de empresas, que poderão contar com mais uma metodologia para melhorar o relacionamento entre a empresa e os seus funcionários, seus colaboradores, melhoria da imagem corporativa, interna e externa, além de ser tema interessante para as discussões acadêmicas.

O Estudo do Valor

1.1. Por que fazer Marketing?

A palavra "Marketing" vem sendo aplicada de diversas formas por empresas e pessoas. A pergunta é: "Será que esse negócio realmente funciona?"

Vimos assistindo os erros cometidos por grandes empresas que adotam as ferramentas de Marketing como ferramentas de salvação, utilizam expressivos investimentos em comunicação, adotam estratégias mirabolantes e fantásticas e no final o resultado é catastrófico.

O que será que está acontecendo?

Por que as estratégias de Marketing não funcionam?

Por que as empresas têm errado tanto?

Será que os profissionais de Marketing das empresas não são competentes?

Tenho escutado estas perguntas diariamente em minhas aulas nos cursos MBAs onde leciono por todo o Brasil. Os alunos desconfiam da palavra "Marketing" e da sua eficácia.

Por que isso vem acontecendo?

Onde as empresas estão errando?

Para começarmos a buscar as respostas para todas essas perguntas, devemos entender o que significa "Marketing".

Existem diversos conceitos famosos. Eis aqui alguns:

> *"Marketing são as atividades sistemáticas de uma organização humana, voltada para a busca e realização de trocas com seu meio ambiente, visando benefícios específicos."*
> *(Raimar Richers)*

••••••

> *"Marketing é o conjunto de atividades humanas que tem por objetivo a satisfação das necessidades e desejos através de processos de troca." (Kotler)*

••••••

> *"É o processo através do qual a economia é integrada à sociedade para servir às necessidades humanas." (Peter Drucker)*

••••••

> *"É o processo de conquistar e manter clientes."*
> *(Theodore Levitt)*

••••••

> *"Marketing é o desempenho das atividades de negócios que dirigem o fluxo de bens e serviços do produtor ao consumidor ou usuário." (American Marketing Association)*

••••••

Podemos então concluir que "Marketing" é o processo de identificar, conquistar e manter clientes satisfeitos, com lucratividade, ética e responsabilidade social.

John A. Howard, da Universidade de Columbia, define como processo de:

• Identificar as necessidades dos clientes internos e externos;

• Conceituar essas necessidades em termos da capacidade de uma organização para produzir;

- Comunicar essa conceituação aos diferentes níveis de poder da Organização;
- Conceituar o produto adequado às necessidades do cliente, previamente identificadas, buscando atendê-las plenamente;
- Comunicar todos esses conceitos ao cliente.

Podemos observar que em todos os conceitos encontramos as palavras: **"HUMANA"** ou **"CLIENTE"**. Isso nos mostra que devemos direcionar nossos esforços e nossas estratégias com o objetivo de tornar as pessoas felizes através da satisfação das suas necessidades e expectativas, obtendo, dessa forma, lucratividade para as nossas empresas.

Então vamos responder à pergunta que originou este capítulo:

Por que fazer Marketing?

Devemos gerenciar para lucrar e não apenas aumentar as vendas. O mais importante é atender às necessidades de compra dos clientes e não mais apenas às necessidades de vendas dos vendedores.

Concluindo, devemos praticar Marketing e não apenas mencioná-lo como a tábua de salvação. Praticar Marketing, então, significa transformar desejos e necessidades em alegria, em satisfação, em momentos mágicos e não momentos trágicos.

Na verdade, o que precisamos fazer é criar estados emocionais positivos nas pessoas para que elas se sintam cada vez melhor através de impressões positivas.

Lembrem-se, produtos, preços e benefícios podem ser facilmente copiados, mas valores não se copiam.

Portanto, devemos trabalhar os valores emocionais na percepção dos clientes, desenvolvendo a preferência por nossos produtos, nossos serviços e nossas marcas. Esses valores devem ser trabalhados sempre de dentro para fora das organizações, buscando a satisfação dos funcionários, mantendo os clientes internos sempre felizes.

Funcionários felizes, resultado: **LUCRO.** Funcionários infelizes, resultado: **PREJUÍZO**. Só assim alcançaremos o acerto e o sucesso em Marketing neste cenário competitivo.

Outra questão importante e que deve ser mencionada, para que se obtenha sucesso em um projeto de Marketing, é que a empresa deve saber exatamente para qual público estará desenvolvendo produtos, serviços e valores, levando sempre em consideração as capacidades organizacionais no que tange às capacidades de produção, distribuição e atendimento.

Hoje, utiliza-se o Neuromarketing como ferramenta que estuda o comportamento do consumidor atual. Segundo Werner Alexander Gorlich (2014), "O Neuromarketing é considerado o Marketing das emoções".

Dentre várias hipóteses, hoje os analistas de Marketing esperam usar o Neuromarketing para melhorar as métricas de preferência do consumidor, pois como vemos a simples resposta verbal dada à pergunta "Você gostou deste produto?" pode nem sempre ser verdadeira devido a um viés cognitivo. Esse conhecimento vai ajudar a criar produtos de Marketing e serviços concebidos de forma mais eficaz e campanhas de comunicação mais centradas nas respostas do cérebro.

O Neuromarketing irá dizer às empresas como o consumidor reage em relação à cor da embalagem, ao som da caixa quando abalada, ao cheiro de determinados produtos, entre tantas outras questões.

A divulgação de uma pesquisa científica no jornal acadêmico *Neuron*, da Baylor College of Medicine, em Houston, Texas – EUA, de um estudo que consistia na experimentação dos refrigerantes Pepsi e Coca-Cola, ganhou repercussão. Os experimentadores envolvidos não sabiam qual era a marca da bebida que tomaram, e comprovou-se que as declarações verbais de preferência, identificação e respostas cerebrais não eram compatíveis.

Quando perguntados qual dos dois refrigerantes era melhor, metade respondeu Pepsi. Nesse caso, a ressonância detectou um estímulo na área do cérebro relacionada a recompensas. Já quando elas tinham conhecimento sobre a marca, esse número caiu para 25%, e áreas relativas ao poder cognitivo e à memória agora estavam sendo usadas. Isso indica que os consumidores estavam pensando na marca, em suas lembranças e impressões sobre ela. O resultado leva a crer que a preferência estava relacionada com a identificação da marca e não com o sabor.

No próximo item, iremos tratar da percepção dos valores, ou seja, como os valores são percebidos pelos clientes e como eles definem a sua preferência.

1.2. Percepção de valor

Podemos iniciar este item perguntando:

O que realmente vai diferenciar a sua empresa das outras?

Que elemento vai aumentar a diferença da sua marca para as marcas concorrentes, vai aumentar o compromisso continuado de compra dos clientes em relação aos seus produtos e serviços e, finalmente, vai aumentar os seus lucros?

Quais fatores geram valor para os clientes?

A resposta está nas palavras: **emoção** e **impressão.**

Está, na verdade, na forma como as empresas devem promover relações com seus clientes internos e externos, como devem criar e entregar valores para eles de acordo com suas percepções, como devem criar maior satisfação na percepção deles e como devem conhecê-los a ponto de tornarem-se mais lucrativas as ações empresariais empreendidas.

Para começar devemos entender o real significado de *valor*.

> *"A organização vitoriosa do futuro estará focada no cliente e será auxiliada por uma competência em informação de mercado, que ligará a voz do cliente a todo o processo de oferecer valores da empresa."* (FREDERICK E. WEBSTER).

Frederick E. Webster estava certo.

A forma de trabalhar utilizando os conhecimentos de Marketing vem se alterando profundamente. Isto acontece porque o conhecimento de Marketing acompanha a dinâmica social, ou seja, muda o ser humano (valores, desejos, necessidades, expectativas), consequentemente muda o Marketing.

Este processo de alteração é MUNDIAL e está nos levando, sem nenhuma dúvida, para uma nova era com novos valores, novos desejos, novas necessidades e novas expectativas.

O ser humano mudou. Ele está mais exigente e sua percepção mais aguçada. Seu valor, muito mais voltado para a questão emocional e a personalização dos valores está em moda. Nunca foi tão importante medir as impressões positivas sobre um produto ou serviço.

O que é valor para uma pessoa pode não ser valor para outra.

Podemos citar como exemplo a percepção de valor do brasileiro e a percepção de valor do europeu em relação ao automóvel. O brasileiro dá muito mais valor ao *design* e o europeu aos quesitos de segurança.

> **Definição de valor:** *processos que capacitam a organização a entender o ambiente em que ela opera melhor (como pesquisa de Marketing, estudos de preferências e necessidades dos clientes, comportamento de compras, uso do produto e assim por diante), para entender mais claramente seus próprios recursos e aptidões, e para avaliar o valor que ela cria através de análises econômicas de sistemas de uso dos clientes.* (FREDERICK WEBSTER).

Podemos verificar que na verdade é o cliente quem define o valor mediante a sua impressão e sua análise econômica.

> **Desenvolvimento de valor:** *processos que criam valor por meio de uma corrente de valor, como estratégias de obtenção, desenvolvimento de novos produtos e serviços, projeto de canais de distribuição, seleção de vendedores, parceria estratégica com provedores de serviços (por exemplo: crédito, gerenciamento de database, serviço de produto e remoção), desenvolvimento de estratégias de preços e, ultimamente, o desenvolvimento de proposta de valores para clientes.* (FREDERICK WEBSTER).

Devemos utilizar todas as ferramentas de pesquisa disponíveis com o objetivo de descobrir quais fatores geram mais valor na percepção de valores dos clientes.

> "*As respostas à pergunta proposta pelo Marketing,* **como criar uma proposição de valor atrativa e diferenciada?,** *residem na compreensão das necessidades mais importantes dos consumidores e no emprego da emoção que direcionará o comportamento.*" (SCOTT ROBINETT e CLAIRE BRAND).

> **Oferecimento de valor:** *processos que capacitam o oferecimento de valor para clientes, incluindo serviço de entrega, gerenciamento de relacionamento de clientes, gerenciamento*

> de distribuição e logística, processos comunicativos (tais como publicidade e promoção de vendas), melhorias de produto e serviço, garantias de qualidade, serviços de apoio ao cliente e a penetração do campo da força de vendas. (FREDERICK WEBSTER).

Portanto, podemos concluir que na nova economia os consumidores têm diversas opções. Se sua empresa falha em oferecer uma excelente proposta de valor na percepção de valor do cliente, ele automaticamente migra para outra empresa em busca de novos produtos e serviços que contemplem as suas necessidades e expectativas.

Não existe mais **"FIDELIDADE"**. A palavra agora é: **"PREFERÊNCIA"**.

1.3. Processos de valores

Neste item serão abordados os processos de valores e como eles irão agregar valor à percepção do cliente em relação aos produtos, serviços, benefícios e marca da empresa. O capítulo enfatiza como os processos de valores melhoram a percepção de valores dos clientes fazendo com que eles paguem um pouco mais pelo que recebem em troca e ajudem na propagação dos benefícios por eles visualizados.

> "As decisões influenciadas pela emoção são mais profundas e mais duráveis do que as baseadas apenas no raciocínio lógico". (ROBINETT e BRAND).

Hoje, não vendemos mais produtos ou serviços. Na verdade, vendemos **"VALORES"**.

Vamos iniciar analisando um voo do Rio para São Paulo. Quando compramos a passagem, estamos pagando pelo trecho aéreo da viagem Rio/São Paulo, mas temos uma expectativa muito maior.

Omar Souki, em seu livro "Paixão por Marketing", diz que para o comandante Rolim, da TAM, Marketing era receber seus passageiros na porta do avião. Ele mobilizou todo um departamento para atender aos clientes, investindo em maior conforto, comodidade e economia de tempo ao passageiro. Tudo na TAM de Rolim era em função de encantar o cliente. A empresa concentrava os seus esforços para que o cliente descesse da aeronave satisfeito. O comandante Rolim proporcionava impressões positivas com suas atitudes.

Souki afirma que quando Rolim era o presidente parecia que o lema da TAM era o seguinte: "Na próxima viagem, o cliente não deve titubear, escolherá a TAM para voar". Rolim procurava fazer de seu cliente um formador de opinião entre seus colegas. Fazia com que todos apresentassem suas impressões positivas por terem experimentado um voo da TAM.

A TAM foi selecionada pela revista "Exame" como a empresa do ano em 1997.

> *"Não há vento que possa ajudar o veleiro que não tem destino. É necessário que você saiba para onde quer levar sua empresa." (OMAR SOUKI)*

Ora, se sabemos que o caminho que queremos percorrer é o caminho do sucesso, vamos começar por analisar as ações da TAM.

Quando chegamos ao balcão da TAM, encontramos uma atendente sorrindo, e nos esperando com simpatia e solicitude. Qual a impressão que temos desse momento? Entregamos o nosso bilhete e despachamos a nossa bagagem com rapidez e eficiência. Todas essas ações correspondem a valores na percepção de valor do cliente.

Quando entramos no avião, a comissária de bordo nos oferece jornais e balas com um sorriso nos lábios e, então, o avião parte no horário e chega no horário previsto.

Ao sairmos do avião, passamos na esteira para a retirada da bagagem e a retiramos com rapidez.

Classificamos todos esses serviços como: *"processos de valores"*.

Os processos somam valores na percepção de valor do cliente e fazem com que ele defina o preço em sua mente: *"O preço é justo ou está muito alto ou está baixo"*.

São os processos de valores que fazem com que o cliente defina se a relação custo x benefício, para ele, é boa ou ruim.

Se em algum momento um dos processos falha, por exemplo, a mala não chega a São Paulo, o cliente começa a subtrair valores tendo a sensação de que pagou caro pela viagem.

Se uma funcionária atende o cliente de má vontade, demonstrando total insatisfação em prestar o serviço a ela confiado, isso faz com que sejam subtraídos valores automaticamente.

Podemos então afirmar que é imprescindível que se crie um **"Campo de Valor"** através do qual todas as ações empresariais devem estar voltadas para a satisfação plena dos clientes internos e externos.

No próximo item, estudaremos as melhores formas de criarmos um **"Campo de Valor"** nas nossas empresas, visando à satisfação dos clientes.

1.4. Criando um campo de valor

Neste item serão tratadas as melhores alternativas para criarmos um **"Campo de Valor"** para as empresas. As alternativas aqui estudadas demonstrarão como uma empresa focada em resultados deve trabalhar voltada para a criação e comunicação de valor para seus clientes internos e externos.

Antes de iniciarmos o processo de criação do Campo de Valor, devemos responder a algumas questões importantes:

– O que os clientes e clientes potenciais realmente precisam e querem comprar?

– O que a empresa vai vender para eles?

Com relação aos clientes potenciais, devemos analisar:

– Para quem a empresa irá vender?

– Onde os clientes estão?

– Como a empresa irá vender para eles?

– Quanto isto vai nos custar?

– Quais benefícios podemos agregar aos produtos e serviços?

A informação é matéria prima para a tomada de decisões.

As necessidades de informações sobre clientes podem ser agrupadas de maneira geral em informações atuais e futuras.

Clientes atuais:

➢ Quem constitui os mercados-alvo principais?

➢ O que lhes proporciona valor?

➢ Como podem ser levados a se aproximarem?

➢ Como podem ser melhor servidos?

Clientes futuros:

➢ Como os clientes mudarão?

➢ Quais os novos clientes a conquistar?

➢ Como conquistá-los?

Respondidas as questões, devemos analisar a empresa como um todo.

Os maiores competidores estão dentro da própria empresa e é por esse motivo que devemos começar o processo de valores sempre de dentro para fora da organização.

Mas o que são **"Competidores"**?

São todos aqueles fatores internos ou externos que atuam negativamente no processo de comercialização dos produtos e serviços de uma empresa.

Podemos citar como exemplo uma empresa que tem como seu principal produto uma palha de aço com a qual podem ser lavadas panelas e louças. O maior competidor da empresa será a venda de panelas com *teflon* e não outra empresa que comercialize palha de aço. Neste caso, a empresa seria concorrente.

Partindo desse princípio, devemos dar início ao processo avaliando o grau de satisfação dos clientes internos (funcionários e colaboradores).

O valor é o que se percebe e não o que é gerado.

Para o cliente, a atenção, o estar disponível, o interesse demonstrado em atender da melhor forma possível suas necessidades é o que realmente gera valor.

Escutar o cliente é a melhor ferramenta de que se pode dispor. Devemos conhecer seus anseios e necessidades e devemos saber se podemos ou não atendê-los.

Nas relações com os clientes, as empresas encontram um campo fértil para criar valor. O mais importante nesta relação é descobrir o que cada cliente valoriza mais e usar as informações para gerar a preferência e o compromisso continuado de compra.

Quanto maior for o conhecimento sobre as necessidades e desejos dos clientes maior será a facilidade de transformá-los em soluções e respostas, gerando, dessa forma, um valor expressivo que será percebido por eles, fortalecendo a relação.

Podemos então concluir que o foco deve estar direcionado para os clientes e principalmente os internos.

A empresa deve saber a diferença entre "foco **no** cliente" e "foco **do** cliente". Quanto ao "foco **no** cliente", a empresa precisa descobrir o que ele realmente quer, o que ele realmente deseja. Quanto ao "foco **do** cliente", a empresa precisa descobrir do que ele realmente precisa.

1.5. Sistema de aumento de valor

Neste item, abordaremos a metodologia para a formatação de um sistema completo de aumento de valor que tem por objetivo ajustar os valores percebidos pelos clientes às suas prioridades e necessidades identificadas.

Hoje, podemos afirmar que as prioridades das pessoas mudam diariamente. O que é prioritário para uns pode não ser prioritário para outros. Portanto, as propostas de valores oferecidas pelas empresas também devem estar em contínua mudança.

Devemos iniciar refletindo sobre algumas perguntas:

- Nós estamos mudando?
- As sociedades estão mudando?
- Os países estão mudando?
- O mundo está mudando?

Neste novo cenário que se apresenta, a única coisa que não muda é que para gerar valor para os investidores da empresa é preciso primeiro criar valor para os clientes e principalmente para os internos.

Um estudo promovido pela E-Consulting mostra que nesta Era do Conhecimento o principal ativo de que um profissional, uma empresa, uma ONG ou um país dispõe para sobreviver é o conhecimento competitivo. A E-Consulting entende por "conhecimento competitivo" tudo aquilo de que um agente econômico dispõe para utilizar no sentido de sobreviver e prosperar competitivamente.

São exemplos de conhecimento competitivo fatores como experiência, sabedoria, cultura, inteligência, poder de lógica, análise e síntese, criatividade, opinião, capacidade de tomar decisão, capacidade de execução, capacidade de aprendizado e desaprendizado, capacidade de ensinar, capacidade de se comunicar e se relacionar, *know-how*, modelos, metodologias, *frameworks*, arquitetura de processos e sistemas eficientes, redes de relacionamentos, acesso a fontes de informações, imagem, marca, beleza, enfim, uma vasta e ainda controversa gama de ativos intangíveis que podem ser utilizados por profissionais, organizações, empresas ou países.

Esse conjunto intangível de ativos terá cada vez maior valor relativo diante dos ativos tangíveis. Estes são necessários à competição e respondem por "metade" do valor das empresas, mas não são diferenciais. Com eles, os agentes econômicos se habilitam a competir. O sucesso (leia-se sobrevivência e lucro) está condicionado diretamente ao valor que as empresas conseguem construir a partir dos ativos intangíveis, a "outra metade" do valor das empresas.

Serviços, benefícios, atendimento, enfim, servir bem o cliente nunca foi tão valorizado por ele. Isso acontece devido ao aumento do grau de exigência em função do grande aumento da concorrência.

Várias empresas, produtos, serviços e novos benefícios surgem a todo instante. Os clientes passam a ter uma grande variedade de opções e migram com muita facilidade se acharem que a relação custo *versus* benefício para eles é realmente mais interessante na outra empresa ou na aquisição de outro produto ou serviço que não seja o que a sua empresa oferece.

O cliente passa a avaliar aquilo que realmente é mais conveniente para ele em todos os aspectos relacionados à sua percepção de valor. Podemos dizer, então, que as empresas que pretendem obter o sucesso neste cenário competitivo devem procurar entender o que os clientes querem e o quanto eles estão dispostos a pagar.

Conforme ERIC ALMQUIST, ANDY PIERCE e CÉSAR PAIVA, administrar a carteira de clientes de uma empresa nos dias de hoje requer algumas ações importantes. É através destas ações que a empresa irá estabelecer uma dinâmica de valor eficaz. Os autores citam algumas regras importantes:

• Concentre-se nos clientes que "prometem" maiores lucros e valor mais duradouro e defina as iniciativas que captam esse valor.

• Apresente uma oferta de preço atraente e com preço adequado de acordo com a percepção do cliente.

• Utilize o poder da marca para se diferenciar e se comunicar.

• Possibilite uma experiência que atenda ou ultrapasse as expectativas do cliente em cada interação.

Nos últimos anos o comportamento dos clientes vem se alterando profundamente. Cada qual com as suas necessidades e expectativas. A empresa deve prever a suas prioridades e seus comportamentos.

Algumas questões devem ser tratadas com atenção:

1. Posicionar-se na mente do cliente:

A empresa precisa criar alternativas de valor que farão com que o cliente tenha sempre em mente a marca, os produtos, os serviços e os benefícios que ela oferece. Por exemplo: "Pensou em refrigerante pensou em...? Pensou em refrigerador pensou em...? Pensou em lâmina de barbear pensou em...?"

2. Entender o cliente em toda a sua plenitude (necessidades, expectativas, receios, potencialidades, desejos e estilo de vida):

A pesquisa deve ser constante. Como o mercado é altamente dinâmico e as pessoas alteram seus estados emocionais o tempo todo, a empresa precisa monitorar constantemente as mudanças comportamentais de seus clientes com o objetivo de criar valores perenes para eles.

Prever alterações de valores para os clientes é uma ferramenta de extrema importância na hora de a empresa desenvolver os seus diferenciais e o seu posicionamento competitivo.

3. Monitorar os disparadores de compra/consumo.

A empresa precisa saber quais fatores levam o cliente à compra de seus produtos ou serviços. O que efetivamente faz com que ele decida entre os seus produtos ou serviços e os produtos e serviços da concorrência?

4. Comunicação dirigida (adequada e personalizada) proporcionando interatividade integral e permanente (saber ouvir o consumidor):

A empresa deve utilizar uma forma de comunicação compatível com o seu público-alvo. Deve desenvolver uma forma de comunicação que proporcione total troca de informações com o objetivo de conhecer a percepção de valor dos seus clientes e, assim, poder criar novas alternativas de aumento de valor.

A precificação tem também sua importância. A empresa precisa descobrir o ponto ideal em que situar ofertas e preços.

O preço dos produtos e serviços da empresa deve estar sempre de acordo com a percepção de valor do cliente. É importante lembrar que dentro de um mesmo mercado podem existir diversas impressões de valores diferentes umas das outras, portanto, a empresa deve desenvolver ferramentas de pesquisa constante.

O cliente está sempre em busca da melhor relação custo *versus* benefício para ele que busca a solução para o seu problema de compra.

As empresas vendem produtos ou serviços e os clientes querem comprar valores.

Quando a empresa oferece ao cliente o seu pacote de produtos, serviços e benefícios ajustados devidamente ao preço, pode-se afirmar que esta é a proposta mais simples de oferecimento de valor. Quanto mais valor esse pacote oferecer, na percepção de valor do cliente, mais ele estará disposto a pagar e mais lucro a empresa irá obter.

A marca também desempenha um papel muito importante na hora de se criar valores para os clientes. Ela está ligada diretamente à questão emocional e representa um dos bens mais valiosos para a empresa.

Avaliar como os clientes percebem a marca da empresa e como essas percepções influenciam as decisões de compra podem levá-la a tomar decisões importantes quanto ao seu posicionamento e quanto à necessidade da implementação de novas estratégias de aumento de valor.

As empresas modernas precisam entender como os atributos de sua marca na percepção de valor do cliente podem influenciar na estratégia de aumento de valor.

Podemos afirmar que é extremamente importante o posicionamento da marca. O posicionamento da marca em torno de um conjunto de prioridades do cliente em constante mudança, os investimentos de Marketing e o gerenciamento eficaz da organização fazem com que a empresa demonstre valores na percepção dos seus clientes.

Para que uma empresa crie e entregue valor através de sua marca, ela precisa fazer com que todos os envolvidos estejam orientados para o mesmo objetivo: "Gerar valor para os clientes". Como já comentamos anteriormente, os funcionários e colaboradores devem estar envolvidos emocionalmente com a empresa, de forma a fazer com que todas as ações empreendidas por eles sejam motivadas por um estado emocional positivo.

Não podemos esquecer o que já foi comentado anteriormente: **funcionário feliz**, resultado lucro e o **funcionário infeliz**, resultado prejuízo.

Uma empresa leva em média cinco anos para se tornar legítima no mercado onde atua e em apenas dez segundos um funcionário insatisfeito pode diminuir o valor da marca na percepção do cliente. Basta que ele demonstre a sua insatisfação. Uma telefonista insatisfeita, por exemplo, pode levar o cliente a vender negativamente a marca da empresa.

Podemos, então, fazer algumas perguntas importantes:

– Um bom atendimento faz diferença?

– Um funcionário feliz faz diferença?

– A preocupação com o problema de compra do cliente faz diferença?

– Um benefício adicional na percepção do cliente pode fazer a diferença?

– As diferenças podem modificar as percepções de valor do cliente em relação à marca de uma empresa?

1.6. Faz diferença?

Neste item, estudaremos o que realmente faz diferença na percepção de valor dos clientes. As diferenças estão nos detalhes e neste capítulo será abordado como de fato os detalhes podem efetivamente fazer diferença na percepção dos valores dos clientes.

Nós estamos nos tornando cada vez mais exigentes. Muitas empresas oferecendo produtos e serviços muito parecidos com preços muito próximos. O nível de concorrência deixou de ser apenas local e se transformou em mundial já que todos os clientes têm acesso à informação. Portanto, podemos perguntar: "O que realmente faz diferença na hora da escolha por um produto ou serviço?"

Como já comentamos anteriormente, produtos, serviços, benefícios e preços são facilmente copiáveis. Agora, os valores não. Como os clientes percebem os valores da sua empresa sempre se dá de forma diferente. Tudo estará relacionado, principalmente, à forma como são tratados pela empresa.

ERIC ALMQUIST, ANDY PIERCE e CÉSAR PAIVA afirmam em seu artigo que antes de montar um sistema de aumento de valor para os clientes de sua empresa o ponto de partida é buscar as respostas às seguintes perguntas:

– Sabemos quem são os nossos melhores clientes?

– Entendemos as necessidades e prioridades atuais de nossos clientes, como elas estão mudando e por quê?

– Nossa proposição de valor para o cliente é atraente, singular e diferenciada das do concorrente?

– Estamos preparados para dar aos clientes o poder de escolha e de decisão que desejam hoje e no futuro?

– Sabemos quais alavancas puxar para melhorar a aquisição, o desenvolvimento e a retenção de clientes?

– Estamos gerindo ativamente os clientes para maximizar o valor e lucros que podemos obter?

– Sabemos o valor de nossas marcas para clientes, funcionários e investidores e o que pode aumentar e diminuir esse valor?

– Estamos atingindo o potencial pleno de nossa marca?

– Medimos e monitoramos o impacto de satisfazer os clientes sobre os resultados do negócio?

– Nossos processos, operações e organização são tão voltados para o cliente quanto deveriam ser?

– Estamos usando o potencial da *internet* para criar valor para os nossos clientes?

Outro dia fui colocar gasolina no meu carro. Ao falar com o frentista "Encha o tanque", ele perguntou se eu já tinha tomado o meu café da manhã. Respondi que sim e ele então disse: "Mas toma um cafezinho com a gente". Ele me ofereceu um café simples, com leite, biscoitos *cream cracker* e um pedaço de bolo. Tudo isso expressando um sorriso de felicidade por ter me servido. Fiquei realmente impressionado com o atendimento. Aí, mais uma vez, faço a pergunta: "O que na verdade pode melhorar a percepção de valor dos clientes em relação à marca, aos produtos e aos serviços?"

A resposta está nas pessoas. Nos estados emocionais. Na vontade e motivação de elas realmente procurarem fazer a diferença. Não adianta absolutamente nada responder às perguntas anteriores se as pessoas não estiverem envolvidas no processo.

A empresa deve começar a fazer a diferença sempre de dentro para fora das organizações.

ROBINETT e BRAND em seu livro "Marketing Emocional" afirmam que as empresas estão sempre em busca de diferenças substanciais que façam com que o cliente desenvolva um compromisso continuado de compra. Mas se esquecem, na maioria das vezes, do empregado. Ele é quem responde pela diferença. A empresa necessita desenvolver uma política de retenção do seu cliente interno e dos seus talentos. Deve pesquisar para descobrir o que realmente gera valor para eles e tentar atender da melhor forma possível seus anseios, suas necessidades e suas expectativas.

Como estou sempre viajando, tenho diversos exemplos de diferenças.

Outro dia, ao adentrar a recepção de um hotel em Fortaleza, um garçom veio em minha direção e com um sorriso enorme estampado em seu rosto me ofereceu um copo com água de coco bem gelada e me disse: "Senhor, seja muito bem-vindo ao Ceará". Imaginem como eu me senti. Pude observar que a minha estada naquele hotel seria totalmente diferente.

No próximo capítulo será tratada a forma de institucionalização e sua interação com o ambiente em que a empresa se encontra inserida com o objetivo de demonstrar as melhores práticas para conquistar uma melhor percepção do consumidor em relação à imagem corporativa, ou seja, sua marca, seus produtos e sua forma de atendimento.

TEORIA INSTITUCIONAL

Neste capítulo será tratado o que conceitua institucionalização, apresenta o ambiente institucional, argumenta sobre a interação com o ambiente em busca da legitimidade e aborda a questão da cultura organizacional e da imagem corporativa. Trata de alternativas que podem ser adotadas em prol da percepção positiva da imagem organizacional incluindo seus produtos, serviços e marca.

2.1. A Institucionalização

MENDONÇA e ANDRADE citam SELZNICK em seu artigo, que sugere que a institucionalização deve ser compreendida como a emergência de padrões de interação e de adaptação das organizações em resposta ao ambiente, de maneira que "precisamos saber quais valores interessam num contexto determinado; como são construídos na cultura e na estrutura social da organização" (p. 271).

Assim, MENDONÇA e ANDRADE salientam a importância da teoria de Scott, a qual afirma que a teoria institucional desenvolve um foco mais substantivo ao considerar que muitas organizações não se confrontam apenas com as demandas de eficiência do ambiente técnico, mas tem nas pressões do ambiente institucional, sociocultural um aspecto decisivo na condução de suas atividades.

Pode-se afirmar que, dentro do estudo da institucionalização, surge o chamado "novo institucionalismo", destacando o papel das normas culturais e dos elementos do amplo contexto institucional, como as normas profissionais e a ação do Estado na construção de estruturas e processos organizacionais. E muito da moderna teoria institucional tem como referência o trabalho de Peter Berger e Thomas Luckman, argumentando que a realidade social é uma construção humana criada por interação.

Como salientam MEYER e ROWAN, as organizações são direcionadas para incorporar práticas e procedimentos institucionalizados, isto é, valores e padrões definidos previamente pela sociedade, que são adotados na busca de legitimidade.

Percebe-se que a perspectiva institucional salienta a importância dos valores externos para a organização, pressupondo que o ambiente provê "visões mais ou menos partilhadas do que as organizações deveriam parecer e de como deveriam se comportar" (HATCH, p. 85). Essa circunstância adiciona uma ideia de legitimação na compreensão da ação organizacional na medida em que revela a necessidade de aceitação por parte do ambiente tanto externo quanto institucional.

2.2. O ambiente institucional

Para MEYER e ROWAN, o ambiente institucional provê as organizações com regras, que definem novas situações e redefinem aquelas existentes, especificando seu significado racional. As regras institucionalizadas são estruturadas como "domínios de significação", nas palavras de BERGER e LUCKMAN, compreendidos por meio de categorias cognitivas e sistemas de crenças e definidas pela amplitude sociocultural que lhes aceita como verdadeiras (*taken-for-granted*) a partir de uma linguagem comum. Por isso, SCOTT ressalta a importância de se entender a teoria institucional como uma perspectiva de construção social na qual "a realidade é construída pela mente humana em situações sociais" (p. XV).

Essa tem sido a perspectiva adotada significativamente pelo novo institucionalismo. As instituições operam em níveis múltiplos, por meio de processos multifacetados, constituindo-se em estruturas cognitivas, normativas e regulativas e práticas que dão estabilidade e significado ao comportamento social. Essa multiplicidade pode ser compreendida, segundo SCOTT, de acordo com uma variedade de ênfases, abordadas na Figura 1 a seguir.

Figura 1 - As Ênfases na Teoria Institucional			
ÊNFASE PRESSUPOSTOS	**REGULATIVA**	**NORMATIVA**	**COGNITIVA**
Base de conformidade	Conveniência	Obrigação social	Aceito como verdade
Mecanismo	Coercitivo	Normativo	Mimético
Lógica	Instrumental	Adequação	Crença
Indicadores	Regras, leis, sanções	Certificação, qualificação	Predomínio, difusão
Bases de legitimidade	Legalmente sancionada	Moralmente governada	Culturalmente mantida, correto conceitualmente

Fonte: Scott, p. 35

2.3. A interação com o ambiente em busca da legitimação

MACHADO-DA-SILVA e GONÇALVES ressaltam que as organizações interagem simultaneamente com seu ambiente à procura de legitimação. Dessa forma, as estratégias escolhidas e as decisões empreendidas são influenciadas por uma inércia ambiental, no que concerne à conformidade, às regras, às normas e às crenças (mitos) institucionalizadas, em conflito com critérios de eficiência, como também gerando termos em outro idioma. Nesse caso, tem-se *gaps* entre a estrutura formal e as práticas realmente adotadas (MACHADO-DA-SILVA e GONÇALVES). Esse movimento também se refere a uma percepção diferenciada de legitimação e da mudança em relação ao ambiente, a partir de sua abrangência técnica e institucional.

As organizações, ao adotarem critérios externos de aceitação técnico-institucional, procuram demonstrar o seu ajustamento ao ambiente. Para SCOTT, essa adoção reflete a utilização de estratégias defensivas ou de aproximação, subdivididas numa tipologia específica, conforme sintetizado na Figura 2 a seguir.

\multicolumn{3}{c}{**Figura 2 – Estratégias de Legitimação**}		
ESTRATÉGIA	**TIPO**	**CONTEÚDO**
Defensivas	Códigos simbólicos	Os mecanismos utilizados pela organização para 'criar sentido' para processos adotados e resultados gerados
	Desencaixe	Os mecanismos utilizados para desligar a estrutura normativa da estrutura operacional, permitindo a incorporação de elementos institucionalizados, mas, ao mesmo tempo, mantendo a autonomia das ações
	Defesas gerais	Os mecanismos utilizados pela organização perseguindo consentimento, compromisso, evitação, desobediência e manipulação
Aproximação	Conformidade categórica	Os mecanismos nos quais as regras institucionais – formas tipificadas e pressupostos básicos – dão o modelo para a organização
	Conformidade estrutural	O isomorfismo da estrutura para com o ambiente por meio de mecanismos de adaptação organizacional
	Conformidade de procedimentos	A adoção de procedimentos técnicos estabelecidos pelo ambiente
	Conformidade pessoal	Ter a certificação como uma fonte importante de legitimação

Fonte: adaptado de Scott, p. 211-216

A relação entre organização e ambiente tende, portanto, a refletir uma conformação defensiva ou de aproximação, na qual a organização procura uma imagem de legitimidade. Dentro deste contexto, o uso dessas estratégias parece demonstrar os indícios de um processo de gerenciamento de impressões, desenvolvido pelas organizações para serem reconhecidas como legítimas por seu ambiente.

Conforme MENDONÇA et al., o gerenciamento de impressões deve ser entendido não apenas como um processo desenvolvido para controlar as impressões sobre um indivíduo, mas, também, como possíveis comportamentos voltados para a criação de impressões positivas de grupos e de organizações como um todo, promovendo assim positivamente a imagem corporativa.

Pode-se então afirmar que para as organizações implementarem o processo de gerenciamento de impressões torna-se necessário o estudo da cultura organizacional, pois cada organização tem suas próprias características, normas, procedimentos, metas e políticas.

2.4. O estudo da cultura organizacional

O estudo do clima e da cultura organizacional prepara um ferramental importante para a implementação do processo de gerenciamento da imagem corporativa, bem como para a implementação do processo de gerenciamento de impressões.

Pode-se afirmar que toda estratégia de Marketing que tem por objetivo o gerenciamento da imagem corporativa deve ser iniciado de dentro para fora da organização, levando-se em consideração a cultura organizacional, seus valores, suas características, seus objetivos, sua missão e sua visão de negócio.

Mas o que significa cultura organizacional?

> *"É um padrão de pressupostos básicos inventados, descobertos ou desenvolvidos por um determinado grupo, à medida que ele aprende a lidar com seus problemas de adaptação externa e integração interna, e que funcionou bem o suficiente para ser considerado válido e ser ensinado a novos membros, como uma forma correta de perceber, pensar e sentir em relação àqueles problemas."* (SCHEIN, p. 76).

SCHEIN afirma que os problemas de cultura e liderança estão inter-relacionados e existem três argumentos para evidenciar essa assertiva. São eles:

1. A cultura ajuda a explicar diversos fenômenos organizacionais;

2. A cultura interfere na efetividade da organização;

3. A liderança é o processo fundamental pelo qual as culturas são formadas e modificadas.

Cultura, na visão de SCHEIN, é resultado de atividades empreendedoras dos líderes. O autor define o papel do líder como gestor da cultura organizacional – para criá-la, modificá-la e até mesmo destruí-la. Em seguida, afirma que cultura e liderança são "dois lados da mesma moeda", e que nenhuma das duas pode ser entendida por si só. Grupos e organizações desenvolvem culturas próprias que afetam a forma pela qual seus membros pensam, sentem e agem. Assim sendo, SCHEIN define cultura como o produto do aprendizado pela experiência comum de um grupo, abrindo a perspectiva de poder haver várias culturas diferentes em uma organização. O maior problema em cultura organizacional é distinguir as particularidades daquele grupo social, dentro de uma cultura mais ampla.

Portanto, o estudo da imagem corporativa torna-se imprescindível para que a organização se destaque no seu ambiente.

2.5. A importância da imagem corporativa

A imagem corporativa é uma forma de ressaltar a imagem da organização no ambiente em que ela atua, através da utilização de ferramentas de comunicação que proporcionarão um estreitamento no relacionamento entre a empresa e seus consumidores conquistando, dessa forma, espaço privilegiado no ambiente no qual atua.

Os consumidores também podem se deparar com uma realidade que não corresponde às suas expectativas, o que, por outro lado, destrói o círculo de comunicação e ocasiona três tipos de consequência, que são:

1. Os efeitos da comunicação boca a boca e as referências se tornam negativos;

2. A confiabilidade e os efeitos da comunicação com o mercado por parte da empresa sofrerão;

3. A imagem corporativa e local será prejudicada.

Assim, uma adequada comunicação boca a boca é construída e a credibilidade dos esforços de comunicação com o mercado aumenta, beneficiando a imagem da empresa.

Entretanto, às vezes, esforços são feitos para criar efeitos mais duradouros como, por exemplo, as chamadas campanhas publicitárias corporativas ou programas de comunicação de imagem.

Segundo MENDONÇA, existem três perspectivas no tempo e seus impactos sobre como uma empresa é percebida no mercado. São elas:

1. Um impacto na comunicação com o mercado em curto prazo;

2. Um impacto de Marketing de médio prazo;

3. Um impacto de imagem em longo prazo.

A imagem pode variar dependendo de qual grupo de pessoas está sendo considerado e pode até variar de indivíduo para indivíduo. A imagem existe em vários níveis.

MENDONÇA afirma que as imagens em seus diferentes níveis estão inter-relacionadas. O autor sugere que a imagem corporativa influencia a percepção da organização local, ou seja, a imagem local; e a imagem de uma agência ou filial, até certo ponto, depende da imagem local. Além disso, a forma na qual as várias imagens afetam umas às outras depende de quem está em questão.

Clientes maiores, como por exemplo as organizações financeiras, são mais inclinados a serem influenciados pela imagem corporativa. Clientes menores e locais, assim como o público local construído de políticos locais e formadores de opinião, estão mais interessados na imagem local. Para uma empresa local, a imagem corporativa e a imagem local podem acontecer ao mesmo tempo na percepção das pessoas.

É importante, do ponto de vista gerencial, observar que uma unidade local é, inevitavelmente, afetada pela imagem corporativa de uma organização maior da qual ela faça parte. Por exemplo: se uma cadeia de hotéis tiver em nível corporativo uma má reputação, uma unidade local poderá, ainda assim, desenvolver uma imagem local forte e favorável, que ajude a atrair clientes. Isso talvez seja mais eficaz de uma perspectiva local no que diz respeito a relacionamentos duradouros com os clientes, uma vez que clientes que apenas visitem a cidade vez por outra são mais influenciados pela imagem corporativa em suas decisões de compra.

Do ponto de vista da corporação, uma imagem local distinta pode ser tolerada dentro de certos limites, ao passo que imagens locais muito díspares podem prejudicar os objetivos da estratégia corporativa. Se as imagens das filiais forem muito diversas, poderá ser difícil manter uma imagem corporativa clara.

Portanto, MENDONÇA sugere que um gerenciamento num âmbito corporativo não deveria automaticamente tentar moldar as imagens de suas filiais. Os ambientes comerciais locais e as sociedades locais são diferentes e uma imagem local estreitamente moldada pode prejudicar os negócios. A questão de uniformidade ou diferenciação nas imagens locais em relação a uma imagem corporativa desejada é uma preocupação gerencial, na qual as forças de imagens locais díspares devem ser comparadas à necessidade de uma imagem clara em âmbito corporativo.

Uma imagem favorável e bem conhecida, corporativa ou local, é um patrimônio para qualquer empresa, porque a imagem tem um impacto sobre a visão que o cliente tem da comunicação e das operações da empresa em muitos aspectos. O papel da imagem tem ao menos três consequências. Para fins de simplificação, não será feita nenhuma distinção entre imagem corporativa e imagem local.

Primeiramente, a imagem comunica expectativas, juntamente com as campanhas externas de Marketing tais como anúncios, venda pessoal e comunicação boca a boca. São considerados apenas os relacionamentos com o cliente, mas a imagem funciona de forma similar em relação a outros públicos também. Uma imagem positiva torna mais fácil para a empresa comunicar-se eficazmente, tornando as pessoas mais perceptivas à comunicação boca a boca favorável. Uma imagem negativa tem um efeito similar, mas em direção oposta. Uma imagem neutra ou desconhecida pode não causar dano algum, porém tampouco tornam mais eficazes os efeitos da comunicação boca a boca e outras.

Em segundo lugar, MENDONÇA enfatiza que a imagem é um filtro que influencia a percepção das operações da empresa. Se a imagem é boa, ela se torna um escudo protetor contra as percepções negativas. Já uma imagem desfavorável faz os clientes se sentirem mais insatisfeitos e contrariados com o serviço ruim do que ficariam caso a imagem fosse positiva. Uma imagem neutra ou desconhecida não causa mal algum nesse aspecto, mas também não proporciona uma proteção.

Em terceiro lugar, como mencionado, a imagem é uma função das experiências, assim como das expectativas dos clientes. Quando os clientes desenvolvem expectativas e experimentam a realidade na forma de uma qualidade técnica e funcional do serviço, a qualidade percebida do serviço resultante altera a imagem. Se a qualidade percebida do serviço se equipara ou supera a imagem, essa imagem é reforçada e até mesmo melhorada. Se a empresa apresenta um desempenho abaixo de sua imagem, o efeito será o oposto. Também se a imagem não for bem clara e bem conhecida dos clientes, ela se desenvolve e ganha características distintas através das experiências dos clientes.

Existe um quarto efeito da imagem, extremamente importante para a gerência. A imagem tem um impacto interno também. Uma imagem clara e positiva, digamos, de uma empresa prestadora de excelentes serviços comunica internamente valores claros e pode, portanto, fortalecer entre os seus empregados atitudes positivas com relação à empresa.

Com frequência, ouvem-se os gerentes mencionarem que a imagem de sua empresa é, por exemplo, ruim, difusa ou antiquada. Com mais frequência ainda, eles tentam resolver esse problema sem de fato analisá-lo e sem examinar as razões subjacentes a essa imagem desfavorável. Por exemplo, ações cosméticas – como campanhas publicitárias ou ações que envolvam outros meios de comunicação de massa dirigidas à imagem corporativa – normalmente se transformam em situações que não resolvem o problema real. Essas medidas têm efeito limitado ou até mesmo prejudicam a imagem.

Como observado, a imagem é realidade. Portanto, o desenvolvimento da imagem ou programas de melhoria da imagem tem de ser baseado na realidade.

Afirma GRÖNROOS:

> "Se a imagem for falsa e nosso desempenho bom, é nossa culpa por não nos comunicarmos bem. Se a imagem for verdadeira e refletir nosso mau desempenho, é nossa culpa por não sermos bons gerentes." (GRÖNROOS, p.215).

Por que parece haver um problema com a imagem?

GRÖNROOS afirma que se a imagem for negativa, de uma forma ou de outra, as experiências dos clientes provavelmente são ruins.

A lição que se tira é que, uma vez que a imagem é realidade, se a comunicação com o mercado não se encaixar na realidade, a realidade normalmente vence. Se as expectativas forem maiores do que eram antes, mas as experiências com a realidade não se alterarem, a qualidade percebida do serviço é afetada de forma negativa e a imagem é danificada. Como afirma GRÖNROOS (p. 216): "*Se o problema de imagem for um problema real, somente ações reais ajudarão*".

Problemas reais com o desempenho da empresa, sua qualidade técnica e/ou funcional causam problema de imagem. Ações internas que melhorem o desempenho da empresa fazem-se necessárias se quiser melhorar essa imagem ruim. Ensina GRÖNROOS (p. 216): "*Se a imagem for conhecida, existe um problema de comunicação*".

A empresa pode estar entrando em um novo mercado onde seja desconhecida, ou a natureza do negócio pode levar a contatos apenas esporádicos com os clientes, o que significa que os clientes nunca desenvolvem uma imagem profunda da empresa com base em sua experiência. Portanto, a imagem é ainda negativa ou não tão boa quanto deveria ser. A imagem melhorará, afinal, quando um número suficiente de clientes tiver experiências com essa nova realidade; entretanto, se a empresa comunica essa mudança ao mercado por meio de uma campanha publicitária, por exemplo, esse processo provavelmente levará menos tempo. Nessas situações, o problema de imagem passa a ser um problema de comunicação e uma comunicação mais eficaz com o mercado poderá ser uma solução.

Além do mais, é sempre possível, ao menos marginalmente, influenciar a imagem utilizando vários meios de comunicação. O *layout* de anúncios, folhetos, embalagens, títulos e projeto dos escritórios, assim como os caminhões de entrega, podem reforçar uma determinada imagem, se estiverem de acordo com ela. Por outro lado, um projeto moderno de escritório e *layout* de anúncios não melhora a imagem se a empresa tiver um desempenho antiquado e burocrático.

Em resumo, é importante compreender que a imagem é aquilo que existe na realidade; *"a imagem não é o que se comunica, se a imagem comunicada não corresponder à realidade"*. (GRÖNROOS, p.217).

A comunicação da empresa é percebida como não sendo digna de confiança, o que prejudica ainda mais a imagem. Se houver um problema de imagem, a gerência tem que analisar a natureza do problema em profundidade antes de tomar qualquer medida. Entretanto, se houver um problema real, ou seja, se uma imagem negativa ou desfavorável se deve a um mau desempenho, a imagem somente pode ser melhorada através de uma ação Interna cujo objetivo seja melhorar o desempenho. Somente em uma segunda fase a comunicação poderá ser usada, quando a verdadeira razão para a imagem ruim, razão esta relacionada ao desempenho, tenha sido eliminada.

Por fim, GRÖNROOS enfatiza que o gerenciamento da imagem é um empreendimento complexo, especialmente em grandes empresas prestadoras de serviços que operam em forma de rede, porque existe uma imagem em vários níveis corporativos e locais. Além do mais, ações que se devem a problemas com a imagem têm de ser planejadas com cuidado e uma clara distinção tem de ser feita entre problemas reais com a imagem e problemas de imagem relacionados à comunicação, pois é através de estratégias de comunicação que a empresa pode vir a ter influência no comportamento do consumidor. Ensina GRÖNROOS:

> *E aí vêm os guardas pretorianos do pessoal de apoio do órgão central da corporação. O centro corporativo é altamente protegido... por uma falange de brilhantes equipes burocráticas, com diploma de mestrado em administração de empresas, virgens (nenhuma experiência na linha de frente operacional), voltadas para análises. Como se não bastasse o isolamento dos cabeças da corporação, em suas suítes executivas luxuo-*

samente acarpetadas, essas equipes burocráticas os afastam ainda mais e para sempre. (GRÖNROOS, p.230).

Este capítulo tratou da importância do estudo da teoria institucional, do ambiente institucional, da interação da empresa com o ambiente em busca da legitimação, da cultura organizacional e da imagem corporativa, com o objetivo de reunir informações capazes de auxiliar no processo de gerenciamento de impressões.

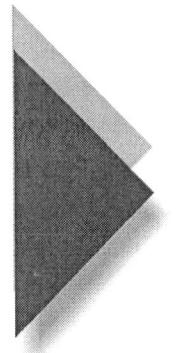

O próximo capítulo tratará da importância do estudo do comportamento dos consumidores atuais e o grau de exigência deles no mercado competitivo em que vivemos para que possamos descobrir o que eles realmente precisam e assim desenvolvermos produtos e serviços capazes de atender suas necessidades e expectativas.

3 O COMPORTAMENTO DO CONSUMIDOR

O capítulo trata da importância do estudo que deve ser feito do comportamento dos consumidores no ambiente em que a empresa irá atuar, e de que forma ela deve estudar as percepções desses consumidores, para que sejam tomadas decisões na implementação do processo de gerenciamento de impressões.

3.1. Os clientes atuais

Para compreendermos melhor as mudanças comportamentais dos clientes atuais, devemos entender qual o impacto da marca na percepção de valor. A marca é também definida pelas impressões dos clientes sobre as pessoas que a usam, tanto quanto pela sua própria experiência.

Entre todos os fatores de mudança do mercado, atualmente destacam-se clientes melhor informados, os quais recebem diariamente um grande volume de mensagens, contendo informações atualizadas em tempo real sobre avanços, descobertas e novas tendências. A indústria também obtém informações de forma ágil e com qualidade, permitindo uma evolução no campo das pesquisas e no desenvolvimento de produtos e serviços, colocando-a cada vez mais sintonizada com as expectativas de seus clientes.

A marca será o único ativo insubstituível das empresas quando houver uma redução substancial das diferenças técnicas e mercadológicas de seus produtos de consumo.

Já é assim entre os produtos financeiros, como o cartão de crédito, em que apesar das mesmas finalidades – efetuarem pagamentos por meio de um sistema de compensação mundial e oferecer pacotes de benefícios e vantagens – as diferentes percepções das imagens das marcas resultam em participações de mercado distintas e permitem a vigência de tabelas de preços diferentes. É assim também em vários outros mercados – imobiliário, automobilístico, de vestuário, alimentício, entre tantos outros – nos quais a imagem associada a uma determinada marca valoriza seu produto ou serviço. Com o passar dos anos, constata-se que a única ferramenta de Marketing que permanece e diferencia um concorrente do outro é a imagem corporativa.

Não existe mais fidelidade. Agora o termo é preferência, portanto, a lealdade à marca praticamente não existe e os consumidores estão sujeitos a mudanças, motivadas em grande parte por ofertas de preço dos concorrentes ou por benefícios cada vez mais interessantes. A partir do nível inclinação, o consumidor mostra-se disposto a pesquisar mais sobre seus benefícios e atributos, sentindo-se atraído pelo produto. O sonho de qualquer empresa, obviamente, é situar-se no topo da pirâmide, quando os consumidores chegam a agir como *"advogados"* da marca, como é o caso da Harley Davidson, cujo símbolo os seus clientes levam tatuados em seus corpos. O cliente não compra uma motocicleta Harley Davidson, ele compra um estilo de vida Harley Davidson. A questão do símbolo é tão forte que as organizações devem trabalhar para que a marca permaneça sempre na mente do cliente.

A questão emocional está cada vez mais forte. Hoje falamos em *share of heart* (participação no coração) e não apenas *share of mind* (participação na mente).

A imagem é a soma das impressões vividas pelo consumidor a partir de variadas fontes: da experiência real, da embalagem, da empresa proprietária da marca, de outras pessoas usuárias da marca, do que e como é dito na respectiva propaganda, tanto quanto do tom, do formato, da mídia, da propaganda e da marca. Portanto, a empresa deve saber como os consumidores veem sua marca. Para isso, torna-se necessário um estudo sobre a homogeneidade dos consumidores na percepção da marca.

3.2. A homogeneidade na percepção da marca

Parece haver grande homogeneidade na percepção de marca, independente da condição socioeconômica do cliente.

A estética e o *design*, por exemplo, mais que suas funções de proteção e acondicionamento, vêm reconhecidamente desempenhando um papel sobre a imagem do consumidor. Um consumidor comprará um produto porque, entre outros fatores, ele sente que o mesmo traduz sua autoimagem.

Se atitude e valor são assumidos como determinantes do comportamento, pode-se afirmar que o "valor percebido", mais especificamente, determina a atitude e a ação de compra. O estudo da percepção de valor torna-se vital para a determinação do preço final.

Muito embora uma pessoa altere seu comportamento na medida em que interpreta diferentes papéis, ela mantém o senso de sua própria identidade e não pensa como sendo vários "eus". Deve-se, então, buscar como o consumidor vê o produto, não só os aspectos técnicos ou funcionais, mas todos os aspectos que podem ser considerados como intangíveis e que são valorizados no momento da decisão de compra.

Interessante que as concepções do consumidor acerca dos produtos não permanecem iguais necessariamente; desenvolvimentos técnicos, grau de saturação dos mercados, disponibilidade e sortimento são alguns fatores que podem reposicionar a imagem dos consumidores. Pode-se observar que tanto marcas quanto produtos são percebidos pelo consumidor como imagem. Portanto, imagem é a soma de uma série de mensagens recebidas pelos consumidores a partir de diversas fontes: da experiência real, das informações sobre a marca, da embalagem, do nome propriamente dito, da empresa produtora, das pessoas usuárias, do que é dito na propaganda e do estilo da comunicação.

O comportamento, então, varia de acordo com o grau de satisfação que o consumidor pretende alcançar quando da realização da sua necessidade de compra. Os padrões de comportamento variam de acordo com o ambiente e com o estilo de vida que o consumidor costuma levar.

Na adoção dos padrões de personalidade ou de comportamento, a imagem percebida define a maneira como se processa tal adoção, sendo que o processo simbólico na comunicação determina a percepção do mundo, formando a imagem que, por fim, permite a adoção de padrões, palavras, objetos, ações, gravuras; tudo comunica.

Assim, pode-se afirmar que todo indivíduo é produto e produtor de sua cultura. Na sociedade, certos comportamentos serão em geral aceitos e outros duramente reprovados. Esse aspecto refere-se às normas sociais de comportamento.

As normas de uma sociedade podem estabelecer o escopo do comportamento humano, limitando-o. As normas e padrões de comportamento de uma pessoa sofrem influência de interação dos grupos em torno, no ambiente em que vivem. Tal interação contribui para socializar o indivíduo. Nem sempre, no processo de socialização, haverá espaço da manifestação individual de comportamento contrário ao julgamento e à aprovação da sociedade à qual o indivíduo pertence.

Algumas questões devem ser levantadas quanto aos fundamentos do comportamento humano:

▸ Todo comportamento é motivado?

▸ E, considerando o comportamento como efeito, poder-se-ia chamar a causa do efeito como sendo motivação?

▸ Há comportamentos que não dependem de motivação?

Podemos afirmar que a motivação está ligada diretamente ao estado emocional em que o consumidor se encontra no momento da compra. A emoção desempenha papel de relevância em situações específicas de comportamento: a emoção afeta a intensidade motivacional, gerando ou tirando a energia que suporta um comportamento.

Devemos, portanto, estudar os fatores que tratam da dinâmica da motivação, os direcionamentos assumidos por estados motivacionais e que terão impacto no tipo de comportamento desenvolvido pelo indivíduo em seu relacionamento com os produtos e serviços das empresas, e situações do ambiente para que, só assim, a organização possa tomar decisões quanto aos seus consumidores e ao ambiente em que atua. Percepção é relativa também ao comportamento, à ação.

Por exemplo, pode-se dizer que comportamento é uma tentativa para reduzir tensão, entendida como motivação; assim, o objetivo do comportamento passa a ser eliminar a necessidade de atuar.

Se forem considerados sinônimos os conceitos de "motivo", "necessidade", "tensão" ou "desequilíbrio", o comportamento é, então, visto como um esforço para eliminar tensão, pela busca de objetivos que neutralizam as causas da tensão.

Torna-se então necessário o estudo sobre a sensibilidade do consumidor, sobre a percepção do consumidor no que diz respeito à organização como um todo, seus produtos e serviços e sua forma de atuação no ambiente.

3.3. A sensibilidade

Nós, humanos, sentimos alguma coisa quando temos uma crença, desejo ou percepção. Só o próprio ser humano pode criar tais sentimentos. O conhecimento de si mesmo, com a capacidade de usar um espelho, não é mais misterioso do que qualquer outro tema ligado à percepção e à memória.

As pessoas não percebem os níveis inferiores das sensações. Nossa percepção imediata também não reconhece exclusivamente o nível superior de representação. Os níveis superiores – os conteúdos do mundo, a substância de uma mensagem – tendem a permanecer na memória de longo prazo por vários dias e até mesmo anos após uma experiência, mas enquanto ela está ocorrendo nós percebemos as visões e os tons imediatamente.

Não é difícil descobrir as vantagens da percepção. Nossa percepção, de uma forma e de uma luminosidade constantes enquanto mudam as condições de visibilidade, acompanha as propriedades inerentes do objeto. Os dados brutos e passos computacionais por trás dessas constâncias estão isolados de nossa percepção, sem dúvida porque usam as leis eternas da óptica e não precisam de conselhos do restante da cognição nem têm *insights* para oferecer-lhe.

Obviamente, não percebemos infinitas possibilidades; miramos em uma, geralmente próxima à correta. Disponha alguma matéria de modo que ele projete uma imagem retiniana igual à de um objeto que o cérebro tem tendência a reconhecer e o cérebro não terá como perceber a diferença.

Pode-se verificar que a sensibilidade dos consumidores quanto à imagem de uma organização vai depender de como eles percebem a importância da organização para o ambiente em que atua.

3.4. O estudo da percepção no ambiente sociocultural

A definição de percepção está ligada diretamente à maneira pela qual explicamos as nossas observações do mundo que nos rodeia.

A maioria das pessoas compreende que os órgãos sensoriais devem funcionar perfeitamente para que a percepção ocorra, mas parte do princípio, usualmente, de que os órgãos abastecem o cérebro com cópias do mundo externo. Intrincadas questões filosóficas intervêm no problema, mas deve-se chamar a atenção para certas diferenças características entre o mundo físico e o mundo percebido.

Há grandes diferenças entre o mundo real ou físico. Muitas das qualidades do mundo que percebemos (dimensões, cor, peso) só muito tenuemente estão relacionadas com as medições físicas a que demos os mesmos nomes.

Pensava-se, antigamente, que a acomodação e a convergência eram pistas primordiais de profundidade na percepção visual de espaço, ainda que não fossem visuais de maneira alguma.

As discrepâncias tornam-se esmagadoras quando nos voltamos para a percepção de forma e do movimento. As sensações parecem tornar-se completamente inobserváveis e totalmente submersas na organização global do objeto percebido – se acaso estão presentes, de fato, em qualquer dos sentidos.

Podemos afirmar que os fenômenos da percepção social estão diretamente relacionados ao resultado de aprendizagem e de educação. Contudo, o mesmo argumento teria de ser formulado a respeito da percepção de objetos e eventos físicos. Embora sua efetividade possa talvez ser o resultado de aprendizagem, os estímulos de percepção social são, eles próprios, os instrumentos por meio dos quais grande parte da previsão e o comportamento humano – incluindo a aprendizagem – é realizada na prática.

Enquanto se estudava a percepção de acontecimentos físicos, na esperança de encontrar os elementos e leis fundamentais que explicassem as percepções de outros e porventura mais interessantes eventos, os objetivos e promessas eram claros. Já não se tem essa miragem diante das pessoas, e o problema do que se deve estudar torna-se algo mais sério, considerando o imenso número de tipos de percepções que se pode abordar, nenhuma delas mais fundamental do que as outras. Ao menos de início, portanto, deve-se procurar ter em mente de que forma a pesquisa da percepção social pode ser conduzida e para que usos pode ser atribuída.

3.5. O processo perceptivo

O processo perceptivo está dentro do contexto da necessidade geral que o homem possui de se adaptar ao seu ambiente, para enfrentar com eficiência as exigências da vida. De acordo com nossos objetivos, a percepção será definida como o processo de selecionar informação.

Os processos perceptivos de adaptação se apresentam, nos homens, grandemente aperfeiçoados pela evolução genética. Isso quer dizer que os programas perceptivos do homem já estão montados ou pré-montados por ocasião do nascimento.

À medida que ascendemos na escala filogenética, a percepção se torna cada vez mais influenciada pela aprendizagem e pelo conhecimento adquirido durante toda a vida.

É esse envolvimento total do processo de selecionar informação no comportamento adaptativo do homem que leva a crer na necessidade de relacionar a percepção com o problema geral do desenvolvimento cognitivo e propõe que se compreenda plenamente a natureza da recepção, aquisição, assimilação e utilização do conhecimento. Assim sendo, pode-se conceber a percepção como o superconjunto, e a aprendizagem e o pensamento como subconjuntos subordinados ao processo perceptivo.

Percepção, aprendizagem e pensamento referem-se, tradicionalmente, ao processo cognitivo, uma vez que tratam, até certo ponto, do problema do conhecimento. Portanto, quanto mais conhecimento for adquirido, ampliando dessa forma o conjunto perceptivo, tornando-o mais complexo e rico de padrões, através da experiência, mais capaz se torna o indivíduo de retirar informações do ambiente.

A aprendizagem pode resultar em pensamento (um tratamento de aspectos previamente aprendidos): este pensamento, com a inclusão da nova aprendizagem, modifica o organismo que, por sua vez, modifica a percepção da situação de estímulo. Esse evento pode ser ilustrado pela mudança que ocorre na percepção quando ganhamos *insights* na solução de um problema específico, ao pensar continuamente nas diversas abordagens possíveis e nas diversas formas e processos que poderão ser utilizados para solucioná-lo.

Muitos autores separaram, no passado, os constructos sensação e percepção, definindo sensação como o processo que contém os elementos fisiológicos ou sensoriais dos quais se compõem os perceptos. O problema da percepção é extremamente complexo, porém tal conceituação limitada não é mais aceitável, especialmente quando lembramos que poucos atos sensórios puros, se os houver, ocorrem depois de um organismo ter tido alguma interação com o ambiente. Acredita-se ser mais útil considerar a percepção como um processo contínuo que varia desde os eventos que são de natureza simples, elementar (e imediatamente ocorrem devido a um mecanismo de codificação montado) até aqueles de maior complexidade, que exigem aprendizagem e pensamento mais ativos.

Existe uma grande inter-relação entre aprendizagem e pensamento no processo perceptivo. Alguns perceptos são necessários antes de se tornar possível a aprendizagem, pois não se podem adquirir os fatos antes de tê-los primeiro recebido.

A percepção deve preceder a aprendizagem, e os perceptos anteriores e a aprendizagem podem afetar o pensamento; mas sabe-se também que o resultado do pensamento modifica a aprendizagem futura e que a aprendizagem, por sua vez, pode influenciar o modo como se percebe o mundo.

Aparentemente, a preferência natural da percepção é manter a integridade da forma do objeto e mudar a sua orientação percebida, se necessário. É evidente que o indício da forma percebida e inclinação percebida não vêm predominantemente de mudanças da forma em perspectiva, mas, antes, de mudanças percebidas na orientação relativa ao ambiente espacial.

Para haver organização perceptiva o mundo físico de estimulação precisa conter algum grau de heterogeneidade. Um campo homogêneo produziria muito pouca articulação no mundo da percepção.

Uma vez que a segregação de estímulo é necessária para uma percepção eficiente, e uma vez que o observador não tem possibilidade de discriminar todas as segregações do estímulo físico, o campo perceptivo tende a ser organizado num número limitado de todos ou unidades.

Alguns problemas metodológicos bastante difíceis estão envolvidos na interpretação do efeito da experiência sobre a percepção. Uma vez que a percepção é um processo que, segundo se infere, intervém entre a estimulação e a resposta, qualquer mudança na resposta perceptiva, depois de certas experiências, pode ser explicada de várias maneiras.

O treino é necessário para a maturação normal do sistema nervoso sensório; a aprendizagem é necessária para a discriminação da forma; a aprendizagem melhora a discriminação da forma; aquilo que é visto cedo, na vida, determina o curso do desenvolvimento da percepção; a frequência da prática explica a superioridade; a mudança na codificação sensória, decifração mediadora, ou respostas motoras, como foi mencionado acima, explica a mudança no processo de informação.

Parece, assim, que o modo sensato de abordar a análise da aprendizagem perceptiva é ter em mente todas essas possibilidades e examinar os diferentes tipos de modificações resultantes de treino que foram estudados.

Parece haver um efeito mais permanente sobre a percepção de identidade, que resulta da prática, do treino e da aprendizagem.

É importante a relação entre ângulo visual e distância ao se determinar a percepção do tamanho de objetos. A distância é, evidentemente, ampliada na terceira dimensão; assim sendo, a percepção de distância é parte da percepção do espaço tridimensional. Assim, a dimensão espacial é uma parte importante da relação subjacente à percepção de movimento e alguns outros eventos físicos e sociais.

Quando os fenômenos de percepção de espaço são considerados, precisa-se examinar o modo como o indivíduo localiza os objetos não só um em relação ao outro, mas também com respeito à orientação de seu próprio corpo. O que se disse, em essência, foi que a percepção espacial é inata porque não é experiencial, implantando-se assim um mecanismo na retina para explicar esse processo. Assim, embora a capacidade de perceber seja inata, o processo real é afetado pela experiência.

Tendo havido a aprendizagem, o processo de percepção do espaço se torna automático e pode-se notar que os indivíduos fazem interferências inconscientes sobre a localização espacial partindo desses indícios.

Parece que as modificações da teoria clássica de indício seriam necessárias para o progresso da teoria de percepção do espaço. É a relação entre os pontos e os padrões de energia que provocam que parece ser a qualidade essencial da estimulação para a percepção do espaço.

Depois de salientar a importância de considerar relações em interação, vejamos agora que tipos de relações foram estabelecidos no estudo de percepção de espaço.

Parece que, em condições e para a maioria dos indivíduos, o enquadramento visual é um determinante mais forte da percepção do espaço do que o enquadramento postural.

Vários teóricos acreditam que limitação de uma abordagem sensória da percepção só pode ser superada se forem consideradas as interações entre a energia provinda da estimulação dos diferentes sentidos e músculos e a relação dos objetos estimuladores com o organismo. Uma vez que é no organismo que estas estimulações de diversas fontes agem entre si, o organismo se torna o ponto focal para o estudo da percepção; daí a designação teoria orgânica.

Somente quando há alguma equivalência é que podem as qualidades sensórias e tônicas agir entre si, produzindo um evento perceptivo. O evento perceptivo resulta de um estado de energia do organismo, um processo dinâmico total.

Assinala-se, de modo bastante dramático, que a percepção de espaço, como outros fenômenos perceptivos, é muito complexa. Muitas variáveis – sensórias, orgânicas e situacionais – podem contribuir para o evento perceptivo, e podemos mesmo usar as diferenças individuais observadas como uma abordagem para compreender a personalidade, um tópico ao qual voltaremos mais tarde.

O movimento real tem-se restringido à percepção de movimento quando os corpos físicos estão realmente em movimento, enquanto o movimento aparente tem sido definido como percepção de movimento de entidades que não estão em movimento físico real.

Na percepção, o real é aquilo que é percebido como real, e todo aquele que já viu um filme cinematográfico há de convir que o movimento que vê na tela parece tão real quanto o movimento físico real. Na verdade, pode-se dizer que ocorrem estados emocionais relacionados à percepção.

3.6. A influência dos estados emocionais na percepção do consumidor

O nosso conhecimento dos estados emocionais de outros indivíduos baseia-se necessariamente em suas reações perceptíveis, tais como suas palavras, expressões faciais, gestos motores, e simples movimentos dos olhos.

Pode-se notar que a percepção de certas estruturas cinéticas subjacentes à impressão de causalidade, intencionalidade, motivos e expressões emocionais é governada pela organização do campo perceptivo em estruturas específicas.

A percepção de situações sociais envolve, em grande parte, a percepção das intenções e do comportamento expressivo das pessoas.

Princípios de configuração como boa continuidade, proximidade e efeitos de figura-fundo representam um papel significante na organização de percepção de expressões motivacionais e emotivas, sob certas condições experimentais.

Perceber é conhecer, através dos sentidos, objetos e situações. Objetos distantes no tempo não podem ser percebidos. Também não podem ser percebidos objetos distantes no espaço quando ultrapassados os limites operacionais dos órgãos receptores ou quando obstruídos por barreiras. A distância no espaço, tanto quanto a inacessibilidade direta ou indireta, exclui o ato perceptual. O ato de perceber ainda pode caracterizar-se pela limitação informativa. Percebe-se em função de uma perspectiva.

A percepção é, assim, forma restrita de captação de conhecimentos. A possibilidade de maior enriquecimento informativo terá de ser atingida por uma multiplicação de processos perceptuais, ou através dos atos de pensamento.

Pode-se dizer que a percepção só se cumpre através dos sentidos e implica nova possibilidade de se caracterizá-la e de se distingui-la das atividades do pensamento. De fato, pensar independe da concomitante mobilização dos sentidos e, até mesmo, da presença de material representativo ou imaginativo, como se propuseram a demonstrar os integrantes da Escola de Wurzburgo, embora esteja, geneticamente, subordinado às atividades sensoriais ou perceptuais.

Perceber não é perceber apenas objetos concretos, como são os vulgarmente designados por essa palavra. Percebem-se, além dos objetos concretos, objetos ideais.

Foram, todavia, os gestaltistas os que mais exploraram essa contribuição, insistindo no fato de que percebemos, também, relações. Elas seriam conceituadas e não percebidas. Mas, de qualquer forma, dada a situação concreta, o ato de perceber absorve não só as unidades concretas que as compõem, mas também e em condições prioritárias as relações que entre elas se estabelecem.

De modo imediato e na ausência de qualquer atitude implicativa de análise, só se percebem estruturas ou complexos nas quais estariam sempre presentes as relações. A importância dessa afirmação, enfaticamente efetuada pelos gestaltistas, ultrapassou os limites da Psicologia da percepção para atingir o próprio campo da teoria do conhecimento, recolocando-se um problema de excepcional relevância, como realmente é o da causalidade. A tese gestaltista reduziu as diferenças entre o ato de perceber e o de pensar. Este, a rigor, se caracteriza, apenas, pela sua maior labilidade, isto é, suas estruturas seriam mais reversíveis, mais dinâmicas do que as estruturas perceptuais. De resto, na Psicologia contemporânea, essa redução da distância que separa a percepção do pensamento é também realizada pelos integrantes da corrente que investiga os aspectos motivacionais da percepção.

Podemos observar que o ato de perceber é definido em termos de categorização de estímulos, isto é, em termos de inclusão do dado em categorias ou classes, o que equivale a sustentar a sua ocorrência em nível de abstração. As atividades perceptuais ainda se caracterizariam como atividades implicativas de decisão. Sempre haverá margem para decisões, na medida em que os atos perceptuais se formulem diante de situações marcadas por alto grau de ambiguidade, isto é, capazes de admitir, como possíveis, várias categorizações. Situações desse tipo ainda respondem por uma dimensão emocional vinculada aos atos perceptuais. Na realidade, onde quer que haja possibilidade de opção, há certa margem de ansiedade e esta poderá desencadear-se com maior ou menor intensidade em função da própria estrutura do perceptor.

O próprio ego, para se dar um exemplo, seria objeto de apreensão perceptual, o que significa dizer-se que assim como apreendemos os objetos que nos cercam, também apreendemos a nós mesmos. O ato de autoapreensão seria condição de regulação da conduta, tanto quanto, tradicionalmente, se considera que o seja a percepção da realidade objetiva.

O conceito de retenção é onde se destaca a espessura temporal dos processos perceptivos, isto é, o seu sentido de duração, em função do qual os dados recolhidos num determinado momento exibem significado, graças aos vínculos que os prendem aos apreendidos momentos antes, dados com os quais formam uma estrutura.

Pode-se afirmar que tradicionalmente a percepção foi conceituada como processo interpretativo, operando sobre dados sensoriais. Distinguiam-se, assim, no domínio do conhecimento sensível duas fases, etapas ou planos, representados pela sensação e pela percepção. Sobre essa base operariam os processos perceptuais, os quais, mobilizando a experiência passada, enriqueceriam os dados colhidos pelos processos sensoriais, emprestando-lhes organização e significado. Sustenta-se, assim, a tese da duplicidade de etapas, correspondendo à fase sensorial a apreensão de elementos, os quais seriam estruturados, organizados e dotados de sentido através das funções perceptuais, particularmente definidas como funções de produção de formas ou complexos. Nela se aprofunda a distinção entre os planos de recolecção de dados isolados e desconexos (sensação) e o da produção de formas organizadas e significativas (percepção).

As informações nós as recolhemos através dos processos perceptuais. Perceber, de fato, é conhecer para, com base nos dados recolhidos, promover-se a coordenação da conduta.

Em resumo, pode-se então concluir que a subordinação do processo perceptivo a condições rigidamente fixadas no perceptor e independentes de aprendizado desfavorecia o desempenho adaptativo que ele deveria preencher.

Não se esgota, entretanto, aí o papel desempenhado pela percepção. Nunca se poderá esquecer que a percepção deve estar a nosso serviço e não contra nós. Em outras palavras, ela deve promover a sobrevivência do próprio perceptor e nunca a sua destruição.

No que concerne às formas assumidas pela percepção, destacam os gestaltistas as que se estruturam em termos de apreensão de totalidades e as em que promovemos a decomposição analítica dos conjuntos excitatórios. Enquanto as primeiras seriam espontâneas ou naturais, no sentido de não expressarem topos sofisticados de convivência com a realidade, as últimas seriam, eminentemente, artificiais, decorrendo de atitudes abrigadas pelo perceptor, em função de estratégias definidas. Conforme assinalam os gestaltistas, o sentido natural das formas globais de apreensão perceptual encontra indiscutível fundamentação na ocorrência dos processos ilusórios.

> "(...) de algum modo, através de suas transações com o ambiente, as percepções individuais se tornam limitadas e, usualmente, em termos que correspondem com o mundo dos objetos reais." (PENNA, p. 31).

Pode-se observar que a sociedade tem diversas formas diferentes de percepção que devem ser estudadas e analisadas para que sejam tomadas decisões importantes no gerenciamento das impressões e no posicionamento estratégico empresarial.

Costumamos dizer que o posicionamento estratégico empresarial é, na verdade, o coração da empresa. A forma como ela se posiciona no mercado vai agir diretamente na percepção dos clientes (internos e externos).

3.7. As diferentes formas de percepção de uma sociedade

Na sociedade, deve-se estudar o sentido individual ou pessoal da percepção. O que se procura destacar é o fato de que a percepção não se dá em abstrato, mas como processo que, efetivamente, é vivido por um perceptor. Os traços que compõem a personalidade desse perceptor, bem como os motivos que nele são predominantes, constituem-se, então, em variáveis com interferência destacada nos processos perceptivos, respondendo pelas opções que num determinado momento favorecem certo estímulo em detrimento de outro. Assim, o campo perceptivo não se dá, normalmente, em condições difusas.

A expressão percepção social é ambígua. Por isso preferimos substituí-la pela expressão fatores sociais da percepção, que é inequívoca em seu significado. Logo se depreende que aquilo que nos interessa é o estudo dos determinantes sociais e culturais que operam em nível perceptivo.

Os consumidores tendem a perceber as impressões passadas pelas organizações, então, de acordo com os padrões convencionais e em função das expectativas dominantes nos quadros da comunidade cultural.

Pode-se verificar que também há má influência modeladora da posição social e do papel desempenhado pelo perceptor dentro dos quadros culturais em que ele atua. Na realidade, o ato perceptivo tende a consumar-se em termos de atendimento de expectativas, tanto nossas quanto do grupo no qual nos inserimos e em função do qual devemos agir. O desempenho de um papel, por exemplo, implica a assimilação de certo padrão de comportamento que, inevitavelmente, reduz a margem de opção de que poderíamos dispor, incluindo aquela que se poderia manifestar na área perceptiva.

Sob a designação de percepção de pessoas estão incluídas duas questões: a percepção da própria pessoa e a percepção do outro.

No que concerne à percepção do próprio, podem-se considerar duas questões: a primeira se relaciona com a forma pela qual se obtém esse tipo de conhecimento e com a importância de que se reveste, para efeito de organização da conduta; a segunda se expressa através das distorções perceptuais envolvendo o modo como chegamos a formar uma autoimagem.

Quanto à primeira questão, isto é, quanto ao modo como chegamos a nos conhecer, parece correto dizer-se que o conhecimento obtido se alcança não só pela avaliação de nossos próprios resultados como pelo modo como somos percebidos e julgados, dentro do grupo a que estamos ligados, pelos que convivem conosco. Decorre, então, que o sucesso de qualquer tentativa de recuperação irá subordinar-se, em última análise, ao trabalho de correção perceptual.

Por outro lado, como objeto perceptivo, a possibilidade de se realizar sobre ele conhecimento adequado estará sempre supondo um tempo de convivência maior do que o exigido por qualquer outro objeto.

Garantida a existência do outro pelos caminhos que sustentaram a dos demais objetos, ficou levantada a questão da sua subjetividade, pois que a ela admitiu-se não se dispor de nenhum acesso perceptual. Percebidas as semelhanças externas entre nós e os outros, justificava-se a extensão da analogia à subjetividade. A rigor, a tese da analogia é sumamente criticada, pois não temos como justificar qualquer conhecimento perceptual de nossas próprias alterações expressivas a ponto de podermos justificá-las nos outros e buscar, por trás delas, a subjetividade que lhes daria sentido e razão de ser.

A discussão do tema da percepção do outro se completa com a abordagem social. As situações de impasse diante das quais nos colocamos situam-se em dois níveis: no primeiro, a solução pode ser alcançada mediante puro processo de reestruturação perceptual; no segundo, terá de ser atingida através da mobilização de conceitos, operando-se em faixa em que, obrigatoriamente, intervêm processos de abstração. Admitida, entretanto, a continuidade entre os dois planos, mesmo quando o impasse se apresenta em nível superior, o processo perceptivo aparece como fator relevante na superação da dificuldade.

Também na investigação das técnicas que proporcionam solução de impasses a contribuição gestaltista resultou extraordinariamente fecunda, produzindo-se com igual significação quer no plano perceptivo ou concreto, quer no plano conceptual ou abstrato.

Embora situadas em nível que ultrapassa o nosso interesse – centralizado que ele está na análise da percepção – tais contribuições devem ser aqui evocadas, desde que se caracterizaram por uma abordagem estritamente perceptual, isto é, desde que foram realizadas em termos de uma mobilização das próprias leis que regem os processos perceptivos, de resto, por ele mesmo fixadas.

Apreendida a situação como um todo, surge a possibilidade de uma solução fecunda, alcançável em termos de reestruturação perceptual.

É de se assinalar que a mudança no padrão perceptivo dependerá sempre de certas condições, tais como: instigação motivacional e proximidade do objeto ou forma, a ser assimilada, em termos de novo desempenho, da meta visada.

A importância da flexibilidade perceptiva é, então, sublinhada, por constituir-se no fundamento do *insight*, embora por si só não baste para caracterizá-lo.

No final, o que se enfatiza é a importância dos processos de reestruturação perceptual, nas manifestações produtivas e fecundas do comportamento.

No que concerne às estabilizações ou enrijecimentos do processo perceptivo, parecem correr por conta de dois fatores principais: um de natureza individual, outro de natureza cultural.

Pode-se, então, questionar: "Qual o posicionamento organizacional que as empresas devem buscar para serem percebidas positivamente no ambiente em que atuam?"

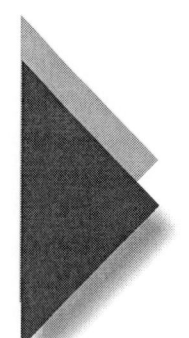

No próximo capítulo serão tratadas as formas de posicionamento que a empresa pode utilizar para estabelecer uma relação ideal com o público que ela pretende alcançar.

O Posicionamento Organizacional

O capítulo trata da importância do posicionamento organizacional no ambiente em que a organização irá atuar, com o objetivo de gerar percepções positivas no seu público-alvo quanto à imagem corporativa.

4.1. O posicionamento no mercado

O posicionamento no mercado é determinado em grande parte pelas percepções das pessoas que fazem parte da infraestrutura. É possível, contudo, influenciar o processo de posicionamento no mercado. Conhecendo o funcionamento do mercado, as empresas podem influenciar a forma como seus produtos são vistos.

A credibilidade é a chave para o processo de posicionamento no mercado. Para estabelecer o posicionamento no mercado, as empresas dos setores em rápida transformação precisam descobrir como abrandar os temores dos clientes e como contrabalançar as estratégias MID – medo, incerteza e dúvida – das gigantes.

Assim, as empresas, obviamente, devem começar com um posicionamento sólido do produto. Depois, devem ganhar credibilidade – e se posicionar no mercado – de várias formas. Então, ganhando credibilidade as empresas estabelecem um posicionamento para seus produtos no mercado.

Conquistando a infraestrutura, a empresa estará a um passo da vitória na batalha do posicionamento no mercado.

As empresas pequenas têm de estar conscientes de sua posição nos planos dos parceiros, e nunca ficar em uma posição onde sua própria sobrevivência dependa da continuidade da relação.

Igualmente importante, a escolha de um local daria início ao posicionamento da empresa.

Podemos verificar na Figura 3 a seguir como as empresas se posicionam e qual o impacto do posicionamento nas estratégias empresariais.

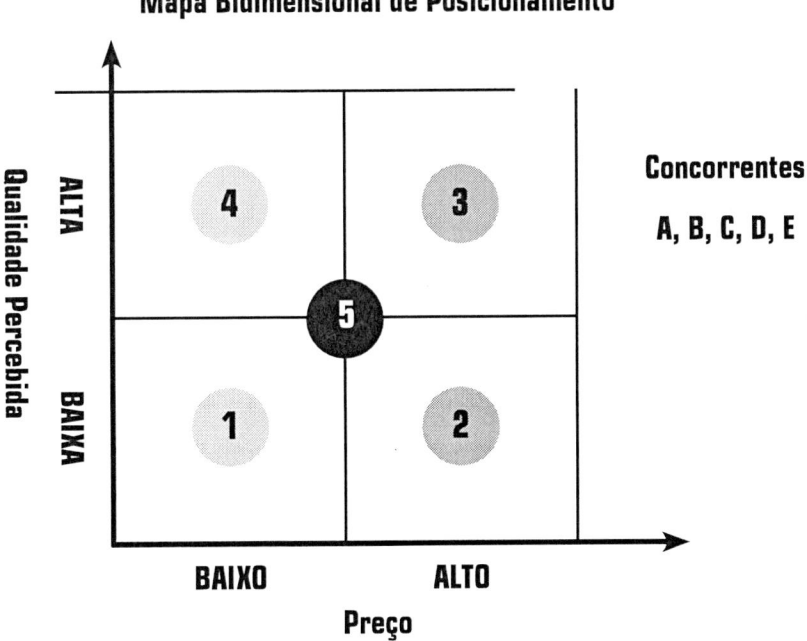

Figura 3 - MAPA BIDIMENSIONAL DE POSICIONAMENTO
Mapa Bidimensional de Posicionamento

[Eixo vertical: Qualidade Percebida (ALTA / BAIXA); Eixo horizontal: Preço (BAIXO / ALTO). Quadrante superior esquerdo: 4; superior direito: 3; centro: 5; inferior esquerdo: 1; inferior direito: 2. Concorrentes A, B, C, D, E]

O produto A tem baixa qualidade percebida e baixo preço. Isso não quer dizer que o produto não tenha qualidade, mas na percepção de valor do consumidor a qualidade é baixa. Se o preço também é baixo, podemos afirmar que o produto está bem posicionado, ou seja, o produto está ajustado ao mercado.

O produto B tem baixa qualidade percebida e baixo preço, portanto podemos afirmar que o produto está caro e não está bem posicionado. Deve-se utilizar uma estratégia de comunicação eficaz com o objetivo de agregar valor ao produto e comunicar esse valor ao mercado levando, dessa forma, o produto do quadrante B para o quadrante C.

O produto C tem alta qualidade percebida e alto preço, portanto, podemos afirmar que o produto está bem posicionado, ou seja, está ajustado ao mercado.

O produto D tem alta qualidade percebida e baixo preço. Neste caso, o produto está barato, mas ele não está mal posicionado. O produto pode estar sendo trabalhado promocionalmente, ou seja, momentaneamente em função de alguma estratégia empresarial voltada para o aumento do volume de vendas, por exemplo.

É importante lembrar que qualquer que seja a estratégia promocional desenvolvida deve-se determinar o tempo para esta ação, caso contrário, se transformará em valor agregado e o consumidor só comprará o produto se ele estiver em promoção.

O produto E é de rápida alteração mercadológica. Ele requer cuidados especiais e monitoramento constante. O posicionamento do produto E estará sempre relacionado aos movimentos de mercado. Nesse caso, a pesquisa deve ser constante.

É importante ressaltar o posicionamento adotado pelo concorrente em relação aos produtos e serviços comercializados pela empresa. Enquanto sua empresa posiciona um determinado produto como A o seu concorrente pode posicionar um produto similar como C e assim desvalorizar o seu produto no que tange à percepção de valor do consumidor.

4.2. A imagem corporativa versus posicionamento

Assim como as pessoas, as empresas têm atitudes que podem ser usadas no posicionamento de novos produtos.

A conquista de uma posição sólida para a empresa é difícil; a reconquista, mais difícil ainda. Assim como o posicionamento confere aos produtos uma presença singular no mercado, o posicionamento da empresa confere uma presença singular para uma empresa inteira.

O posicionamento da empresa baseia-se em muitos fatores, dentre os quais estão as forças administrativas, sua história e até a personalidade dos altos executivos. Assim, um empresário famoso pode ajudar a posicionar uma empresa iniciante. Noyce (fundador da Intel) coinventou o circuito integrado e era altamente respeitado nos círculos de Engenharia, por isso o posicionamento da Intel como líder em tecnologia foi muito mais fácil.

Porém, de longe, o fator mais importante no posicionamento da empresa é o sucesso financeiro.

O posicionamento da empresa está no topo da hierarquia de posicionamento. As empresas têm de posicionar seus produtos primeiro. O resultado do sucesso nessas duas áreas é uma posição forte para a empresa e o resultado financeiro virá consequentemente.

Uma posição sólida pode validar o posicionamento da empresa no mercado e o de seus produtos. Quando uma empresa estabelece uma posição sólida, suas outras posições tornam-se mais sólidas e duradouras.

Às vezes, a posição de uma empresa pode ser estabelecida com base em apenas um ou dois produtos-chave, chamado de "bala de prata", que são particularidades importantes nos negócios baseados em tecnologia. Se uma empresa escolher cuidadosamente suas balas de prata, e ganhar uma aceitação altamente visível por sua comercialização, pode construir uma reputação sólida, mesmo se o resto de sua linha de produtos for medíocre.

Essa imagem é fundamental para seu posicionamento.

Se uma empresa consegue estabelecer uma posição sólida, ou definir uma personalidade, pode ter muitos benefícios. O posicionamento da empresa tende a ter efeitos duradouros.

Pode-se sugerir que dentre os outros benefícios de uma posição sólida para a empresa estão:

▶ **Penetração mais rápida no mercado.** Uma posição sólida e reconhecida no mercado atrai bons parceiros.

▶ **Menos obstáculos aos produtos.** Nem todos os produtos de uma empresa serão vencedores. Uma posição sólida permite que uma empresa tenha sucesso em vender produtos mais fracos, bem como os mais fortes. Uma posição forte pode ajudar uma empresa a manter seus clientes quando a concorrência desafiar seus produtos lançando outros novos.

▶ **Melhor acesso às informações tecnológicas e sobre o mercado.** Todo mundo quer se relacionar com líderes. Todos querem trabalhar com eles de alguma forma, ou mostrar-lhes seus novos produtos, discutir com eles novas ideias, ou vender para eles.

▶ **Custos de vendas maiores.** Quando uma empresa tem uma posição sólida, o mercado aceita seus novos produtos com maior rapidez simplesmente porque levam seu nome.

▶ **Preços mais altos.** As empresas com posições sólidas no mercado às vezes podem cobrar preços mais altos pelos seus produtos e serviços.

▶ **Melhor recrutamento.** As empresas líderes podem recrutar os melhores talentos, pois as pessoas querem trabalhar onde a ação está.

▶ **Melhor lealdade dos funcionários.** Uma empresa com personalidade forte estimula os funcionários a se identificarem com seu sucesso, proporcionando enfoque e orientação em toda a organização.

▶ **Melhor relação preço/ganhos.** Os investidores são atraídos por empresas com uma posição sólida no mercado.

O posicionamento é o primeiro sistema de pensamento que enfrenta o difícil problema de se fazer ouvir nesta nossa sociedade saturada de comunicação.

Para ter sucesso nesta sociedade supercomunicativa, uma empresa tem de criar uma posição na mente do seu cliente potencial, posição que leve na consideração devida não apenas os pontos fortes e fracos da empresa mas também dos concorrentes.

Os gerentes constroem gráficos para as decisões de posicionamento pedindo aos usuários do produto que façam julgamentos de diferentes marcas, incluindo sua marca "ideal" e, depois, usam programas de computador para resumir as avaliações e anotar os resultados. Os detalhes das técnicas de reposicionamento são, às vezes, chamados de "mapeamento de percepção". Assim, os mapas de posicionamento estão baseados nas percepções dos consumidores.

A análise de posicionamento pode levar uma empresa à combinação, em vez de segmentação, se os gerentes julgarem que podem fazer vários apelos gerais às diferentes partes de um mercado combinado.

O posicionamento ajuda os gerentes a entenderem como os consumidores veem seu mercado. Simplesmente por esta razão o posicionamento é muito útil.

Posicionar uma marca em relação às outras pode levar uma empresa ao fracasso quando ocorrem mudanças básicas nos mercados.

Pode-se dizer que criaram a palavra posicionamento para descrever o processo de inserção de sua marca ou empresa na mente de um possível cliente.

Pode-se afirmar que a propaganda da imagem visa afetar como o público-alvo pensa a respeito da sua marca e tenha consciência da sua presença no mercado. Para essa finalidade, o posicionamento pode ser um fator importante na campanha corporativa pela sua sobrevivência no mercado.

4.3. Sobrevivência empresarial em mercados dinâmicos

O conhecimento da marca pelo mercado não é mais suficiente para levar uma empresa ao sucesso.

Para sobrevier em mercados dinâmicos, as empresas precisam estabelecer estratégias que sobrevivam às mudanças turbulentas no mercado. Por isso, precisam desenvolver relações com fornecedores e distribuidores, investidores, clientes e outras pessoas e empresas importantes do mercado.

O posicionamento de uma empresa ou de um produto é, de certa forma, como o desenvolvimento da personalidade de uma pessoa.

Da mesma forma, um produto ou empresa incipiente não tem significado real. Ao evoluir, uma empresa continua sendo a mesma, do mesmo modo que uma criança em crescimento ainda é a mesma criança.

Na etapa do posicionamento do produto, as empresas têm de determinar como desejam colocar seu produto no mercado competitivo. É sempre aconselhável as empresas prestarem atenção especial a fatores intangíveis do posicionamento, tais como a liderança em tecnologia e qualidade do produto.

"O estrategista que deseje posicionar sua empresa para adequar-se melhor ao ambiente do setor ou influenciá-lo a favor da empresa tem que aprender o que impulsiona esse ambiente." (MCKENNA, p.50).

Para conquistar uma posição sólida no mercado, as empresas precisam conhecer os participantes da infraestrutura do setor: os defensores iniciais dos produtos, as redes de revendedores, os distribuidores e fornecedores externos, bem como analistas, expoentes do setor e jornalistas, que controlam o fluxo de informações e as opiniões no setor. As empresas devem identificar os principais participantes da infraestrutura e trabalhar intimamente com eles. Se uma empresa conseguir ganhar o coração e a mente dos 10% mais importantes, sua posição no mercado estará garantida.

No posicionamento da empresa – o estágio final do processo – as empresas têm de posicionar não os seus produtos, mas a elas mesmas.

É parte fundamental o planejamento empresarial, e tem de receber o apoio de todos os gerentes da empresa.

O posicionamento dinâmico traça uma linha em comum em todas as partes da empresa, conectando-as, em seguida, ao mercado.

Imagem da empresa. O posicionamento pode influenciar as atitudes dos funcionários da empresa. As pessoas gostam de trabalhar para uma empresa com a qual possam se identificar, principalmente se for reconhecida como líder. O posicionamento pode influenciar também as relações da empresa com a comunidade financeira. O pessoal do mercado financeiro gosta de empresas com uma visão nítida de seu papel no mercado.

Marketing. O marketing envolve, em grande parte, o desenvolvimento de relações e, através delas, a orientação do futuro da empresa. Os gerentes de Marketing têm de ser integradores do posicionamento da empresa. O posicionamento forte permite que uma empresa estabeleça relações com parceiros fortes. Essas relações, por sua vez, fortalecem ainda mais o posicionamento da empresa. O ENDOMARKETING deve servir de ferramenta para tornar os funcionários mais unidos em prol de um mesmo objetivo fazendo com que a comunicação interna flua de maneira satisfatória e, dessa forma, torne as ações empresariais mais ágeis.

Uma empresa bem posicionada pode levantar novos recursos com maior facilidade. Por outro lado, uma empresa financeiramente forte posiciona seus produtos no mercado com muito mais facilidade.

A empresa e o cliente têm de estar trabalhando juntos para que as vendas não sejam funções separadas e estejam incluídas na resolução de problemas.

Dispondo de melhor educação, treinamento em vendas, persistência persuasiva e de um fluxo constante de informações atualizadas, obtidas através de computadores, os vendedores de alta tecnologia se tornaram os grandes diferenciadores para seus produtos e empresas.

O conhecimento de um vendedor sobre seus produtos e sua adaptação aos ambientes muitas vezes voláteis de seus clientes pode ser a linha divisória entre o sucesso e o fracasso das empresas, pois é através dele que os vendedores conquistam a confiança e a credibilidade do seu público-alvo.

4.4. Como a empresa deve conquistar a confiança do público?

Deve-se observar que pessoas que colocam suas vidas nas mãos de uma empresa o fazem porque, na verdade, querem acreditar que a empresa de alguma forma realmente se importa com elas.

O público, por sua vez, quer saber até que ponto, se for o caso, os problemas da empresa se transformarão nos problemas dele, em áreas como custos, riscos de saúde ou de segurança e impacto na comunidade.

A primeira pergunta do mercado e dos meios de comunicação é: "O que sabemos a respeito desta empresa ou destas pessoas?"

Reagir – responder – a uma crise é uma atitude que pode se tomar eficientemente e, em última análise, deixará a pessoa ou a empresa mais forte depois de a crise passar do que antes de ela acontecer.

É necessário criar um plano para redirecionar os esforços e a empresa, e crescer, consequentemente.

Prever os efeitos da crise, por definição, exige que você olhe para o que está acontecendo, em termos de sua empresa, mercado, acionistas, concorrência e recursos, levando em conta todos os roteiros possíveis de acontecimentos e cursos que poderiam dirigi-lo a diferentes caminhos e às ramificações de cada um.

Às vezes, uma empresa não precisa nem mesmo de seu próprio escândalo para fazer com que a confiança do público seja abalada.

O ramo de negócios aprendeu que uma empresa cuja liderança ou porta-voz não esteja à disposição para comentar ou se recusa a retornar os telefonemas ou negou-se a dar entrevistas ou a aparecer no ar somente acarreta problemas para si por parecer culpada antes mesmo de o júri ter sido constituído – como se tivessem alguma coisa de que se envergonhar.

É necessário refletir sobre quais fatores inspiram confiança em um produto, em um serviço ou em uma empresa, dentre eles: a história da empresa, instituição, produto ou serviço; a reputação da empresa, a forma como ela evoluiu ao longo de sua história, bem como o registro de como os problemas passados foram enfrentados.

As pessoas perdoam se puderem ser convencidas de que a pessoa ou empresa merece o perdão. Portanto torna-se imprescindível a adoção de estratégias de relacionamento entre a empresa e a sociedade.

Os valores são percebidos com muito mais rapidez pelos consumidores, fazendo com que eles permaneçam comprando ou até mesmo fazendo com que defendam a empresa usando as redes sociais como ferramenta de divulgação de benefícios, marca, atendimento e, até mesmo, valores percebidos por eles.

4.5. Formas de relacionamento entre a empresa e a sociedade

As formas de relacionamento entre as empresas e seus clientes não podem ser descritas de uma forma única, mas são, também, produto da cultura em que se encontram inseridas. A forma pela qual empresa e cliente interagem no mercado é plasmada pela cultura e por desenvolvimentos históricos seculares e, às vezes, milenares.

Sem esse entendimento não é possível uma empresa servir adequadamente ao mercado. Naturalmente, as consequências dessa afirmação são radicais, pois implicam a revisão ou readequação das teorias de Marketing a contextos culturais distintos.

A nova maneira de pensar a respeito dos propósitos da empresa descarta o lucro como objetivo principal da organização e inclui um conjunto de noções, entre as quais:

> "A mais poderosa é a ideia de marketing e a visão de marketing do processo empresarial: que o propósito de uma empresa é criar e manter clientes. (...) uma empresa precisa, naturalmente, fazer aquilo que é necessário para sua sobrevivência. (...) O desafio é sobreviver galantemente, é sentir a emoção intensa da maestria comercial; não apenas sentir o agradável odor do sucesso, mas experimentar a sensação profunda de grandeza empresarial. (...) para atrair os clientes, toda a empresa deve ser considerada um organismo para criar e satisfazer os clientes." (LEVITT).

Enquanto o conceito e a orientação para o Marketing vinham sendo adotados pelas empresas, um fato novo convulsionou o mundo de negócios americano: o consumerismo, ou seja, o movimento dos consumidores em defesa de seus interesses.

Quando a inovação proporcionasse a uma empresa a possibilidade de diferenciar-se de seus concorrentes, ela estaria capacitada a servir melhor as necessidades de um segmento de consumidores no mercado, pelo período de tempo em que fosse possível manter tal vantagem.

A questão das implicações sociais das ações das empresas no mercado foi rapidamente incorporada às teorias de Marketing.

Hoje vivemos a era do "*Real time Marketing*". As redes sociais contribuíram muito para esse acontecimento. Tudo acontece de forma mais rápida e mais veloz. A comunicação chega aos quatro cantos do Mundo em frações de segundos, portanto, torna-se imprescindível saber lidar com todas as novas tecnologias.

Um bom número de empresas, no entanto, vê a insatisfação do consumidor como oportunidade e não como ameaça, buscando aprimorar seus produtos e serviços e avaliar suas implicações em longo prazo.

As empresas também reconhecem os consumidores como cidadãos no pleno exercício de seus direitos.

As práticas que implicavam ter o cliente como centro da atividade empresarial, buscando satisfazê-lo a todo custo, estenderam-se do período medieval ao contemporâneo.

As empresas, embora usuárias da pesquisa de mercado tradicional, desenvolvem uma habilidade particular para atender às necessidades dos clientes, mediante visitas e contato pessoal e informações retiradas das redes sociais.

4.6. As empresas globais

Em um mundo turbulento como o do século XXI, a rapidez e a natureza das respostas dadas pelas empresas às mudanças terão forte impacto em sua capacidade de sobrevivência. A cultura mais favorável ao desenvolvimento de empresas globais não é necessariamente a mesma da produção em massa nem a do início do capitalismo industrial. Diferentes valores e competência empresariais podem ser mais adequados a momentos distintos do capitalismo.

Nesse contexto, uma questão fundamental coloca-se, com relação a de que modo a cultura nacional e a cultura empresarial podem contribuir, ou não, para o sucesso das empresas nesse mercado global. Em outras palavras, as características típicas das empresas de determinada origem colocam-nas em posição favorável ou desfavorável diante do fenômeno da globalização?

A existência de empresas multinacionais tampouco é uma novidade. Elas constituíam-se, frequentemente, por associações de capitais de mercadores e auferiam lucros extraordinários das atividades de comércio exterior.

A empresa global tem o seu poder situado acima do poder do Estado. Assim, as empresas multinacionais são um organismo em mudança: as multinacionais do final do século XX diferem substancialmente das do início desse mesmo século. Um elemento claro no processo avançado de multinacionalização é o desvinculamento cada vez maior dos interesses dessas empresas daqueles de seu país de origem e dos países em que se abrigam.

Se o século XX foi o século das empresas multinacionais, o século XXI está se tornando o século das corporações globais. Os impactos naturais, ambientais, econômicos e financeiros provocados por algumas empresas chinesas podem contribuir para mudanças empresariais estratégicas em outras empresas pelo resto do mundo.

As empresas extraordinariamente bem-sucedidas só atingiram a posição de sucesso por dois motivos principais: ou porque alcançaram uma posição de custos superior à de qualquer outra empresa na indústria, ou porque atingiram um padrão de diferenciação com relação a suas rivais, oferecendo produtos e serviços mais atraentes para os consumidores do que os concorrentes. Para conquistar e manter a vantagem competitiva, a empresa precisa aperfeiçoar permanentemente seus mecanismos de redução de custos e diferenciação. Precisa, sobretudo, estar atenta para o equilíbrio dessas duas forças, no que se refere à percepção do valor gerado para o cliente, ou seja, deve adotar estratégias de gerenciamento da sua imagem corporativa.

Algumas vezes, a estratégia em si não é sequer boa, mas outros fatores permitem à empresa ter sucesso.

De fato, baixas taxas de retorno e suspensão ou redução de dividendos são, tipicamente, o principal motivo por que os dirigentes dessas empresas caem em desgraça. Mas a lealdade do cliente, refletida nos dias de hoje pela preferência na aquisição de produtos ou serviços, é uma conquista permanente das empresas. Para obtê-la, é preciso estar permanentemente sintonizado com o mercado, uma competência em que as empresas tradicionalmente superam as corporações ocidentais.

Com a expansão das empresas, a trajetória de carreira da maior parte de seus funcionários acelera-se, e mesmo que os ganhos em um mesmo posto não se alterem, há amplas oportunidades de promoção de cargo e de salário. Assim, os empregados tendem a estar mais satisfeitos com as condições oferecidas pelas empresas. Entre as críticas ao sistema, a principal seria a sua inflexibilidade em períodos de recessão, sendo difícil às empresas demitir os empregados estáveis. Os defensores do sistema argumentam que o fato de as empresas trabalharem com uma parcela de empregados não vitalícios permitem-lhes reduzir a força de trabalho sem afetar o sistema.

Torna-se importante lembrar que o ativo mais importante das organizações são os seus empregados, ou podemos dizer seus talentos, portanto, as empresas devem investir na satisfação deles, proporcionando dessa forma um aumento substancial no comprometimento de todos e consequentemente obtendo resultados positivos e aumento da lucratividade empresarial.

Pode-se concluir que, se o objetivo empresarial é globalizar a empresa, devem-se levar em consideração diversos fatores como: cultura organizacional, ambiente sociocultural, recursos financeiros, recursos tecnológicos, recursos físicos e, principalmente, desenvolver uma política de benefícios para os funcionários, criando, dessa forma, sua própria identidade ou, mais especificamente, seu DNA corporativo.

4.7. A identidade da empresa e as percepções do mercado

Analisando o mercado, o fabricante de um produto pode tentar descobrir se as percepções do cliente estão de acordo com a identidade da empresa.

As empresas de internet que oferecem sugestões com base em preferências declaradas e em compras anteriores tiram total vantagem da nova tecnologia para conservar a energia – um cliente por vez.

E, para fazer isso, uma empresa precisa entender que a construção de um relacionamento é um processo, não um evento – e para manter sua liderança ela deve estar disposta a realizar investimentos de longo prazo com o objetivo de desenvolver a preferência nos consumidores.

Seja por meio do contato pessoal possível em empresas menores, seja pela pesquisa formal intensa exigida de grandes organizações, conhecer os clientes e entender suas necessidades peculiares são críticos para realçar o propósito de valor.

Em seguida, as empresas sobrepõem o modelo de ciclo de vida do cliente a cada segmento. Como acontece com o desenvolvimento dos relacionamentos pessoais no decorrer do tempo, os clientes também se relacionam com as empresas de maneira diferente em diferentes pontos: os estágios introdutórios da aquisição; a assimilação, fase de reconhecimento mútuo; os esforços permanentes da fase de cultivo; e o estágio às vezes difícil da reativação.

Pode-se concluir que:

- As empresas têm de se sobressair do conjunto para estabelecer a identidade de sua marca e atrair clientes potenciais.

- As empresas devem reconhecer imediatamente e atacar diretamente o potencial arrependimento do comprador.

- As empresas devem estar dispostas e devem flexibilizar e evoluir para satisfazer diversas necessidades dos seus consumidores.

- As empresas espertas devem correr para encontrar os clientes fiéis bem antes da metade do caminho.

> "O aprendizado do relacionamento entre um cliente e uma empresa fica mais sábio com cada interação individual, com a definição cada vez mais detalhada das necessidades e dos gostos individuais do próprio cliente. Um aprendizado de relacionamento garante que será sempre do interesse do cliente permanecer com a empresa que primeiramente desenvolveu o relacionamento". (PEPPER e ROGERS).

- Para aproveitar totalmente as percepções, as empresas devem assumir um compromisso com as exigências diárias do desenvolvimento de relacionamentos bem-sucedidos.

- As empresas devem estar dispostas a ouvir seus clientes e agir conforme suas informações.

> "Com cada interação – cada vez que a firma e o cliente retomarem seu relacionamento -, a empresa estará habilitada a ajustar um pouco mais seu produto ou serviço às necessidades daquele cliente" (PEPPER e ROGERS).

- As empresas devem adotar os princípios do desenvolvimento de relacionamentos como crenças e valores corporativos – fazer com que se tornem uma parte dinâmica da cultura da empresa.

Reconhecer que os empregados estão nas linhas de frente dos esforços para o desenvolvimento dos relacionamentos pode exigir uma reavaliação significativa das iniciativas da empresa dirigidas à fidelidade dos empregados.

A qualidade interna dos serviços é medida pelos sentimentos que os empregados dedicam a seus empregos, colegas e empresas. Há uma diferença notável entre empregados satisfeitos com as empresas nas quais apenas realizam seu trabalho e empregados que sabem que suas empresas se preocupam com eles.

Avaliando o mercado atual, pode-se verificar que carinho e preocupação com os empregados, justiça e confiança são citados como as áreas que mais necessitam de atenção: 56% dos empregados pesquisados disseram que seus empregadores não demonstram preocupação alguma com eles, 45% afirmaram que suas empresas não os tratam com justiça e 41% disseram que seus empregadores não demonstram ter confiança neles.

A maneira mais rápida de uma empresa minar sua capacidade de obter a preferência do cliente é não conseguir estabelecer uma ligação emocional com seus empregados.

Grande parte das empresas deseja provas de sucesso em curto prazo. Assim, campanhas de desenvolvimento de relacionamentos bem-sucedidas exigem avaliações e refinos contínuos – o elo de realimentação habilita as empresas a tornar as interações cada vez mais eficazes.

Assim, as empresas enviam uma mensagem de agradecimento e querem avaliar imediatamente se o programa foi bem-sucedido ou não. Dessa forma, o poder de contato pode aproximar as empresas dos clientes a que servem, bem como a demonstração de que elas são socialmente responsáveis.

Posso citar um exemplo muito interessante por mim vivenciado. Quando cheguei a um hotel em São Luís, abri a porta do meu quarto e não encontrei travesseiros. Liguei imediatamente para a recepção e perguntei onde estavam os travesseiros. Qual não foi a minha surpresa quando a recepcionista informou que ao lado do telefone havia um "Cardápio de travesseiros". Achei aquilo realmente incrível.

O cardápio continha uma série de modelos diferentes de travesseiros com um quadrado ao lado para marcarmos a quantidade e uma explicação do modelo dizendo inclusive quais eram os benefícios. No final da folha, tinha uma ficha cadastral para que eu colocasse o meu nome, endereço, telefone, CPF, identidade etc. Preenchi a ficha e liguei para a recepção solicitando dois travesseiros de látex.

Passei quatro dias no hotel. Depois de seis meses aproximadamente, voltei ao hotel e ao abrir a porta do quarto encontrei dois travesseiros de látex em cima da minha cama. Realmente fiquei extremamente surpreendido com a ação de Marketing promovida pelo hotel. Desci imediatamente e parabenizei todos os funcionários envolvidos no processo.

No próximo capítulo será tratada a questão da responsabilidade social como forma de manutenção das empresas em seus ambientes de atuação.

RESPONSABILIDADE SOCIAL

Neste capítulo será tratada a importância da implementação de um programa de responsabilidade social, com o objetivo de fazer com que as empresas conquistem sua legitimidade no ambiente em que atuam.

5.1. A realidade social nas organizações

Segundo Motta, *"a mudança é vista como um processo consciente de se alterar relações sociais, rejeitando, portanto, o estruturalismo do paradigma anterior, isto é, a história, os códigos, as estruturas da sociedade e da organização para se compreender a ação individual"*.

Concentra-se, então, no cotidiano para compreender como as pessoas criam a realidade social e a interpretam como um todo coerente – o cotidiano concede o significado e o consenso sobre o real. Presume-se a vida como constituída de interações diversas: como em outras instâncias sociais, as pessoas no trabalho estão envolvidas em grupos, e não se comportando como indivíduos isolados.

Esse paradigma serviu de base para o desenvolvimento de diversas teorias de mudança, tanto de cunho social quanto psicológico, todas ressaltando as práticas sociais e a alteridade.

As propostas de natureza mais social procuram conscientizar o indivíduo sobre o contexto comunicativo e linguístico de seu grupo organizacional. Assume-se a comunicação tanto verbal quanto não verbal como um sistema de interação contínua e formador de uma cultura ou rede simbólica de prática social. Valoriza-se muito o interacionismo simbólico: através da interação social e da comunicação simbólica, os indivíduos continuam a criar significado sobre suas ações. Mas, ao contrário do paradigma anterior, rejeita-se o exame do espaço organizacional como condicionante das interações sociais que ali ocorrem. Prefere-se como método de mudança a análise do envolvimento social, incluindo as interações em pequeno grupo e a mediação de papéis no qual pessoas antecipam a resposta de outros e assim apuram seus autoconceitos.

Independentemente do contexto social e do tipo de organização, essa perspectiva insiste em compreender o mundo organizacional e em propor mudanças através da análise de microssistemas, como os pequenos grupos e as interações pessoais. Não crê na visão global como dependente de explicações do contexto social e dos significados da própria organização.

Restringir a análise do comportamento organizacional ao envolvimento na tarefa, nas interações grupais e nas circunstâncias da vida diária é desconhecer a estabilidade e a mudança no contexto social, as expectativas normativas, a regularidade das instituições e o significado da vida. Comportamentos e ações ocorrem no mundo social e são facilitados ou restringidos por circunstâncias sociais fora do controle de um indivíduo e da organização em que ele trabalha.

As pessoas se inserem ativamente na produção tanto como individualidades quanto como defensoras de valores sociais, subordinando as empresas às comunidades.

Segundo Motta, as tendências sociais e econômicas contemporâneas mostram tanto o cliente quanto a comunidade com maiores poderes sobre a empresa, como por exemplo:

Ampliação dos direitos da cidadania: aumenta a consciência pública sobre os direitos do indivíduo, seu dever de participar do controle social e político e de sua potencialidade de influência na sociedade.

Reconstrução valorativa: a pressão da sociedade por valores humanos e sociais, contrapondo-se a valores típicos da produção como a eficiência dos investimentos econômicos; acentuam-se outros valores independentes de retornos financeiros imediatos, tais como qualidade de vida, solidariedade social ou controles ambientais.

Atomização social: a ênfase contemporânea no local, na comunidade e sobretudo na individualidade transfere maior poder para as bases e, sobretudo, para a ação do indivíduo sobre o coletivo.

Descentralização e fragmentação dos métodos de produção: a fragmentação e a localização da produção através de unidades independentes, como células, módulos e unidades de negócio, geram múltiplos pontos de contato entre os clientes e a empresa; um grande número de funcionários antes restritos a contatos internos passa a depender dos clientes para a execução de suas tarefas.

Direcionamento da economia de escala para a sociedade de estilo: a substituição gradual da produção em massa pela clientelização em massa aumenta o poder dos clientes de especificar produtos e serviços.

Presume-se uma relação entre o meio social e a geração de ideias novas. Segundo essa perspectiva, a criatividade é produto da socialização, e não de fatores intrínsecos do inconsciente. Assim, não se procuram heróis excepcionais ou se interfere no processo mental, mas se trabalha com o ambiente social, ajudando pessoas comuns, talentosas e desejosas de inovar a terem chance de usar suas habilidades.

Segundo Motta, a ligação com o contexto social é vista:

a- **Na transação indivíduo ambiente,** ou seja, na interação entre fatores internos e externos ao indivíduo. A criatividade é, portanto, uma competência social;

b- **Na aceitação do novo pela comunidade.** A avaliação não é só psicológica, mas social, econômica e histórica. Assim, a criatividade é situacional e se valida em um contexto social específico, onde se aceita o valor da novidade;

c- **Na visão ou aprendizado criativo sobre a realidade.** Nesse sentido, a criatividade é resultado de uma interação social e do desenvolvimento de novas percepções, interpretações e significados sobre relações e objetos.

Assim, é facilitada a criatividade ao serem estabelecidas relações sociais em que se reduza a busca da conformidade e os preconceitos entre as pessoas e se incentive o escape do rotineiro adotando-se direções diferentes ou mesmo opostas.

Institui-se um ambiente organizacional menos restritivo, com pessoas voltadas para a mudança, usufruindo a liberdade e responsabilidade conducentes aos atos criativos. As empresas tornam-se socialmente responsáveis e as pessoas passam a atuar mais felizes.

5.2. Empresas socialmente responsáveis

Os consumidores, motivados por notícias de escândalos e má conduta, estão crescentemente exigindo que as empresas sejam ética e socialmente responsáveis. Um levantamento recente constatou que, aproximadamente, 90% dos consumidores estavam mais dispostos a comprar da empresa que possuísse a melhor reputação por responsabilidade social quando a qualidade, o serviço e o preço fossem iguais entre os concorrentes. Em resposta a essas demandas, ao longo da ameaça de regulamentação crescente, mais e mais empresas estão incorporando a responsabilidade ética e social no processo de planejamento estratégico de mercado. Devido à proeminência da ética e da responsabilidade social de Marketing hoje, exploramos nesta seção as dimensões desses conceitos, examinando as pesquisas relacionadas à ética e à responsabilidade social para o desempenho de Marketing e discutimos seu papel no processo de planejamento estratégico de mercado.

Responsabilidade social é um conceito amplo que se relaciona à obrigação de uma organização maximizar seus impactos positivos na sociedade enquanto minimiza seus impactos negativos. A responsabilidade consiste em quatro dimensões: econômica, legal, ética e filantrópica.

A responsabilidade econômica de obter lucro também atende aos funcionários e à comunidade, devido a seu impacto sobre o emprego e os níveis de renda na área onde a empresa está localizada. As preocupações econômicas e legais são os níveis mais básicos da responsabilidade social por uma boa razão: sem elas, a empresa pode não durar o suficiente para engajar-se em atividades éticas ou filantrópicas.

Quando as empresas se engajam em responsabilidades que as afastam dos princípios aceitos para atender interesses próprios, as mudanças contínuas de Marketing tornam-se difíceis, se não impossíveis.

É imperativo que as empresas se tornem familiarizadas com muitas das questões éticas e sociais que podem ocorrer em Marketing, de maneira que possam ser identificadas e solucionadas no momento em que ocorreram.

Ser ética e responsável exige comprometimento. Por essa razão, muitas empresas simplesmente ignoram essas questões, deixando de cumprir suas responsabilidades legais e econômicas, concentrando-se apenas na maximização do lucro. Embora uma empresa possa não fazer nada errado, deixa de colher os benefícios em longo prazo decorrentes do atendimento de suas responsabilidades éticas e filantrópicas. As empresas que optam por tomar essas providências extras estão preocupadas em aumentar seu impacto positivo global sobre a sociedade, suas comunidades locais e o ambiente, melhorando o *goodwill*, bem como o lucro. Em resumo, ser socialmente responsável não é apenas bom para os consumidores, os funcionários e a comunidade, é bom também para a empresa.

As empresas que se engajam em atividades filantrópicas ganham confiança e respeito de seus funcionários, dos consumidores e da sociedade, permitindo-lhes, depois, obter lucros maiores em longo prazo.

Embora algumas pessoas temam as iniciativas da *"filantropia estratégica"* em educação e em outras áreas sociais, a participação da empresa é necessária para ajudar a educação de futuros funcionários e consumidores.

As empresas estão começando a assumir mais responsabilidade pelo sério desemprego, impulsionando em anos recentes por reformas na Previdência Social. Além de melhorar a autoconfiança, as oportunidades melhoram a autoestima e ajudam as pessoas a se tornarem membros produtivos da sociedade.

Um dos argumentos mais poderosos para incluir a ética e a responsabilidade social no processo de planejamento estratégico de mercado é a crescente evidência de um vínculo entre esses instrumentos e o desempenho de Marketing.

Sugere-se também um relacionamento entre uma orientação de mercado, a ética e a responsabilidade social.

Em contraste, uma orientação competitiva no local de trabalho pode ser uma força negativa por criar conflito e destruir a oportunidade de melhorar a ética e a responsabilidade social.

Em razão de haver correlação entre a qualidade do serviço e o clima ético da organização, concluímos que a satisfação dos funcionários, a lealdade dos consumidores e a qualidade dos serviços estão positivamente correlacionadas com a ética e a responsabilidade social.

As empresas que não desenvolvem estratégias e programas para incorporar a ética e a responsabilidade social em sua cultura organizacional pagarão caro com desempenho de Marketing potencialmente fraco e enfrentarão os custos potenciais de infração às leis, de litígio civil e de publicidade negativa quando atividades questionáveis são descobertas pelo público. Por outro lado, as organizações que incorporam a ética e a responsabilidade social em seus planos estratégicos provavelmente experimentarão um melhor desempenho de Marketing.

5.3. Ética, responsabilidade social e o Marketing

Infelizmente, em razão da ética e da responsabilidade social nem sempre visualizadas como assuntos relacionados ao desenvolvimento organizacional, muitos gerentes não acreditam que eles precisam ser considerados no processo de planejamento estratégico. Embora seja verdadeiro que o conceito de ética é controvertido, é possível – e desejável – incorporar a ética e a responsabilidade social no processo de planejamento.

Muitas empresas estão integrando a ética e a responsabilidade social no planejamento estratégico por meio de programas de conformidade ética ou iniciativas de integridade que tornam o cumprimento às leis, a ética e a responsabilidade social um esforço em toda a organização. Tais programas estabelecem, comunicam e monitoram os valores éticos e as exigências legais de uma empresa por meio de códigos de conduta, responsabilidade por assuntos de ética, programas de treinamento e auditorias.

O plano de Marketing deve incluir elementos distintos de ética e de responsabilidade social conforme a determinação dos gerentes de Marketing de alta administração. A estratégia de Marketing e os planos de implementação devem ser desenvolvidos para refletir entendimento das consequências ética e sociais das escolas estratégicas e valores dos membros e dos *stakeholders* da organização. Para ajudar a assegurar o sucesso, os gerentes do topo devem demonstrar que estão comprometidos de maneira ética e socialmente responsável – apenas as palavras não são suficientes. No final, um plano de Marketing que ignora a responsabilidade social – ou que silencia sobre as exigências éticas – e deixa a orientação do comportamento ético e socialmente responsável ao grupo de trabalho sofre o risco de apresentar problemas e danos éticos para a empresa.

Todas as sociedades devem atender às necessidades de seus membros. Assim, qualquer sociedade necessita de algum tipo de sistema econômico – a maneira que uma economia organiza a utilização de recursos escassos para produzir bens e serviços e distribuí-los ao consumo por várias pessoas e grupos da sociedade.

A maneira de uma sociedade operar depende de seus objetivos e da natureza de suas instituições políticas. Os objetivos macros são, basicamente, similares: criar bens e serviços e torná-los disponíveis quando e onde forem necessários – para manter ou melhorar o padrão de vida de cada país ou atender outro objetivo social definido.

O conceito de Marketing é tão lógico que é difícil argumentar sobre o mesmo. Todavia, quando uma empresa foca seus esforços na satisfação de alguns consumidores – para atingir seus objetivos – pode haver efeitos negativos sobre a sociedade. Isso significa que os gerentes de Marketing devem preocupar-se com a responsabilidade social – a obrigação de uma empresa melhorar seus efeitos positivos sobre a sociedade e reduzir os efeitos negativos. Às vezes, ser socialmente responsável exige trocas difíceis.

O assunto responsabilidade social em Marketing também levanta outras questões importantes – para as quais não há respostas fáceis:

▸ Todas as necessidades dos consumidores devem ser satisfeitas?
▸ Quais as implicações sobre o lucro?
▸ O conceito de marketing orienta a ética de Marketing?
▸ Como os consumidores percebem a legitimidade empresarial?
▸ Qual a influência dos funcionários e colaboradores em tudo isso?

5.4. A sociedade, a responsabilidade social e o processo de legitimidade

Em qualquer sociedade, os detentores oficiais do poder têm tanto poder quanto o que lhes é outorgado como legítimo pelos guardiões dos valores e crenças morais básicos daquela sociedade.

A população em geral costuma concordar com os detentores do poder e com as instituições da sociedade, desde que estes pareçam cuidar dos interesses de toda a sociedade segundo um consenso justo e ético. Em outras palavras, o papel legitimado dos detentores do poder consiste em fazer prevalecer a vontade geral das pessoas e em monitorar o bem-estar geral de toda a sociedade. Afirmam Harman e Hormann:

> *"A nosso ver, o poder do povo em legitimar a autoridade e em retirar a legitimidade outorgada constitui, ao longo da história, a mais poderosa das forças desencadeadoras de uma mudança social transformadora."* (HARMAN e HORMANN, p. 147).

Então, pode-se verificar que responsabilidade social, além de ser fator de decisão na escolha de produtos ou serviços na hora da compra – o que se traduz em maiores e imediatas receitas –, também é capaz de aumentar a atratividade de uma empresa em relação a novos talentos profissionais e, por consequência, manter os profissionais já empregados, aumentando, dessa forma, a percepção de sua legitimidade. Conclui-se, então, que as empresas têm duas razões básicas para investir em ações sociais: melhorar a sua imagem e ser motivo de orgulho para os seus funcionários.

"Os funcionários começaram a sentir orgulho da empresa onde trabalham porque ela estava fazendo um projeto social relevante" (MARCONDES, p. 24). É necessário, ainda, o conteúdo, pois só terão futuro as empresas que tiverem os melhores funcionários trabalhando para elas e estes, os melhores funcionários, querem empresas socialmente responsáveis.

Pode-se destacar que uma das vantagens competitivas de uma empresa com consciência cidadã é: *"Os funcionários das empresas socialmente responsáveis trabalham mais motivados, são mais produtivos e mais leais"*.

Dessa forma, atuar com responsabilidade social inclui desde a preservação do meio ambiente, com a utilização de materiais e técnicas que não o agridam, investimento em ações sociais, comunitárias e culturais, até a valorização dos seus empregados, permitindo-lhes o desenvolvimento tanto profissional quanto pessoal.

Devemos avaliar as seguintes questões:

➢ *Que sociedade os indivíduos mais desejam, aquela ciente de sua natureza real ou a presa aos mitos éticos?*

➢ *Qual sociedade tem a melhor chance de restaurar seus próprios defeitos, aquela em que os deficitários vivem tranquilamente sob a cobertura protetora da comunicação coletiva mantenedora de mitos ou a que compreende o grau de integração da trama moral?*

Portanto, o sentido fundamental da responsabilidade deve ser definido como fé – fidelidade a uma grande confiança.

O novo ambiente empresarial irá exigir dos gestores um novo senso de responsabilidade em relação aos membros do corpo funcional da organização, cujas expectativas incluem receber tratamento justo, ter participação no processo decisório, além de ter instrumental apropriado para executar suas funções e poder trabalhar em equipe.

A legitimidade organizacional está relacionada à satisfação da sociedade, ao atendimento de seus requisitos sociais, econômicos e culturais.

Partindo-se do pressuposto de que toda e qualquer organização existe em função de necessidades sociais e depende de manter um bom relacionamento com a sociedade para desenvolver-se, pode-se verificar a importância da incorporação desse processo de gerenciamento de impressões na busca de legitimidade pelas organizações.

O capítulo tratou da importância do estudo da responsabilidade social e sua implementação pelas empresas, como forma de fortalecerem sua imagem institucional no ambiente em que atuam, conquistando, dessa forma, sua legitimidade e diferencial competitivo.

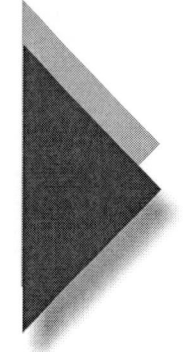

> No próximo capítulo serão tratadas as formas de implementação do gerenciamento de valores e das impressões nas empresas com o objetivo de mostrar que os funcionários e colaboradores formam o maior patrimônio das organizações atuais e que, se as empresas souberem tratar os seus talentos, seus resultados serão surpreendentes.

O Gerenciamento de Valores e das Impressões

Este capítulo trata do processo de gerenciamento de valores emocionais e das impressões que as organizações passam para a sociedade e a importância da sua implementação pelas empresas que buscam a sua legitimidade no ambiente sociocultural bem como a melhoria dos seus relacionamentos com seus clientes e, consequentemente, a melhoria dos seus resultados empresariais.

6.1. Imagem social

O processo geral pelo qual as pessoas se comportam de modos específicos para criar uma imagem social desejada tem sido chamado de gerenciamento de impressões. Podemos afirmar que existem muitas maneiras por meio das quais as pessoas tentam controlar as impressões que os outros têm delas em relação a seus comportamentos, motivações, moralidade e atributos pessoais, tais como confiança, inteligência, valores pessoais e potencial futuro.

Apesar de certas formas de gerenciamento de impressões serem usadas de maneira desonesta, outras formas envolvem a apresentação honesta e acurada dos atributos de sujeitos ou objetos. As atuações empreendidas pelos indivíduos podem ser tanto sinceras, no caso de o ator considerar (ou acreditar) na sua atuação, quanto cínicas, nas quais a atuação é vista pelo ator apenas como um meio para atingir um determinado fim.

Enquanto alguns comportamentos de gerenciamento de impressões podem ser manipulativos, outros podem ser autênticos, isto é, o ator apresenta uma identidade que se aproxima de sua autoimagem. Ao escolher qual aspecto do *self* apresentar em uma situação específica, um indivíduo pode estar escolhendo entre *selfies* igualmente verdadeiros. Embora o termo 'gerenciamento de impressões' frequentemente evoque imagens de estratégias e táticas de pessoas manobrando por posições no mundo social, tentando controlar como elas aparecem, visando à realização de objetivos particulares, a gestão de seus valores pessoais e a forma como é passada para o público interno e externo de uma empresa tende a fazer muita diferença no momento da escolha.

Como a "Fidelidade" foi substituída pela palavra "Preferência", os processos voltados para a melhoria das impressões devem ser utilizados como diferenciais competitivos.

Os comportamentos políticos também podem ser classificados de acordo com duas dimensões: *assertividade-defensividade* e *tática-estratégia*. Os comportamentos assertivos são iniciados pelos atores presumivelmente como uma resposta a uma oportunidade percebida. Por outro lado, os comportamentos defensivos são reativos, ocorrendo normalmente quando o ator enfrenta uma condição de ameaça. Já os comportamentos táticos e estratégicos diferem em relação a uma dimensão temporal. Enquanto os comportamentos táticos são dirigidos a objetivos de curto prazo, os comportamentos estratégicos são orientados para resultados de longo prazo.

Portanto, os resultados que as empresas devem buscar, como a imagem corporativa perpetuamente percebida de forma positiva, podem ser alcançados através da implementação de estratégias e táticas de gerenciamento de impressões.

6.2. Estratégias de gerenciamento de impressões

Os atores sociais podem adotar estratégias de gerenciamento de impressões de insinuação, autopromoção, exemplificação, intimidação e suplicação no sentido de serem percebidos, respectivamente, como simpáticos, competentes, moralmente confiáveis, perigosos e merecedores de pena. A taxonomia apresentada por Jones e Pittman foi posteriormente transposta por Mohamed *et al.* para o nível organizacional de análise (Figura 4).

Figura 4 – Estratégias Diretas e Assertivas de Gerenciamento de Impressões Organizacional	
Estratégia	Definição/Descrição
Insinuação	Comportamentos que o ator usa para fazer a organização parecer mais atrativa para outros.
Promoção Organizacional	Comportamentos que apresentam a organização como sendo altamente competente, efetiva e bem-sucedida.
Exemplificação	Comportamentos usados pela organização para projetar imagens de integridade, responsabilidade social e confiabilidade moral; esta estratégia pode também ter como objetivo buscar a imitação de outras entidades.
Intimidação	Comportamentos que apresentam a organização como uma entidade poderosa e perigosa a qual é capaz e disposta a infligir sofrimento sobre aqueles que frustram seus esforços e objetivos.
Suplicação	Comportamentos desenvolvidos pela organização que projetam uma imagem de dependência e vulnerabilidade com o propósito de solicitar a assistência de outros.

Fonte: adaptado de Mohamed et al.

A **insinuação** refere-se a um conjunto de estratégias de gerenciamento de impressões que tem como propósito fazer a pessoa mais apreciada e atrativa para outros. Em contraste com a estratégia de insinuação, na qual o ator busca ser apreciado, a **promoção organizacional** refere-se a ações que buscam fazer os outros pensarem que o ator é competente, tanto em relação a dimensões gerais de aptidões quanto a habilidades específicas.

O objetivo do ator ao utilizar a **intimidação** é ser temido. Ele tenta obter poder social e influência através da criação de uma identidade de "pessoa que oferece perigo", aquele cujas ameaças e avisos devem ser obedecidos ou consequências negativas podem ocorrer.

A **exemplificação** envolve gerenciar as impressões de integridade, autossacrifício e valor moral (JONES e PITTMAN). Na estratégia de **suplicação,** o ator tira partido de sua própria fraqueza para influenciar os outros. Através da divulgação de suas incompetências, os atores que utilizam esta estratégia tentam ativar uma poderosa norma social conhecida como a "norma de responsabilidade social", que diz que se deve ajudar aqueles que estão em necessidade.

Os comportamentos estratégicos assertivos incluem os comportamentos executados para desenvolver características desejáveis de reputação. Dentre elas podem-se destacar a atratividade, o prestígio (controle sobre recursos), a estima (competência ou especialidade), o *status* (legitimidade) e a credibilidade.

Apresentam-se, a seguir, algumas táticas diretas e defensivas de gerenciamento de impressões organizacional.

6.3. Táticas de gerenciamento de impressões

Na categoria de comportamentos tático-defensivos incluem-se as desculpas, responsabilização, negação e autodepreciação. E as estratégias de gerenciamento de impressões, conforme a Figura 5 parece enquadrar nestes comportamentos políticos.

Figura 5 – Táticas Diretas e Defensivas de Gerenciamento de Impressões Organizacional	
Tática	**Definição/Descrição**
Explicações	Explicações de um evento, em que se busca minimizar a severidade aparente de uma situação difícil
Retratação	Explicações dadas antes de uma ação potencialmente embaraçosa para repelir qualquer repercussão negativa à imagem do ator
Handicapping organizacional	Esforços realizados por uma organização para fazer o sucesso das tarefas parecer improvável, no sentido de obter uma desculpa a priori para o fracasso
Desculpas	Admissões do mérito de culpa de um evento negativo, que incluem expressões de remorso e pedidos de perdão
Restituição	Ofertas de compensação as quais são estendidas pela organização ao ofendido, ferido ou, por outro lado, uma audiência prejudicada
Comportamento Pró-social	Engajar-se em ações pró-sociais para reconciliar uma transgressão aparente e convencer uma audiência de que o ator merece uma identidade positiva

Fonte: Mohamed *et al.*

As organizações encontram-se diante de impedimentos e crises que sobrecarregam a sua imagem de competente, socialmente responsável e confiável. As **explicações** são esforços mobilizados pelas organizações para explicar e desfazer o embaraço, buscando assim restaurar a sua reputação.

A **retratação** envolve explicações que são oferecidas antes de uma ação potencialmente embaraçosa com o objetivo de repelir qualquer repercussão negativa à imagem da organização. A retratação é uma tática usada na publicidade corporativa e em contratos para deixar claras as limitações dos produtos ou serviços de uma empresa e amenizar a sua responsabilidade caso esses falhem em satisfazer as expectativas dos clientes.

O *handcapping* **organizacional** descreve as ações empreendidas pela organização no sentido de criar a imagem de que o sucesso na realização de uma determinada atividade é improvável, difícil de ser atingido. Assim, a organização já tem a sua disposição uma 'desculpa pronta' na eventualidade do fracasso.

Muitas vezes as organizações reconhecem um acontecimento indesejável e aceitam a responsabilidade completa ou parcial por ele, enquanto pedem perdão às partes ofendidas. Este tipo de comportamento descreve a tática da **desculpa**.

A **restituição** envolve o oferecimento de uma compensação, como por exemplo, bens e serviços complementares a audiências que se sintam ofendidas ou prejudicadas.

Os **comportamentos pró-sociais** refletem situações nas quais as organizações se engajam em ações de ajuda a outros, tais como fazer favores, dar presentes, doações e outros modos de ajuda, para obter uma boa imagem e se reconciliar com uma audiência após uma aparente transgressão. Realizando ações pró-sociais, a organização tenta transmitir a mensagem de que ela, afinal de contas, não é tão ruim.

As táticas de gerenciamento de impressões têm como objetivo criar uma impressão positiva rápida, de curto prazo no alvo. Por outro lado, comportamentos de gerenciamento estratégicos de impressões têm objetivos de mais longo prazo, procurando estabelecer identidades de longo prazo envolvendo a credibilidade, competência e confiabilidade de uma pessoa ou de algo.

6.4. O gerenciamento de impressões e o processo de legitimação

As organizações consomem recursos da sociedade e a sociedade, por sua vez, avalia a utilidade e a legitimidade das atividades das organizações. Ainda segundo os autores, a legitimidade é um *status* conferido à organização quando os *stakeholders* endossam e dão suporte aos seus objetivos e às suas atividades.

O gerenciamento de impressões pode ser usado pelas organizações para retratar estruturas e ações de modos pretendidos para obter endosso e suporte. Pode-se argumentar que um maior entendimento de como as organizações adquirem e protegem a legitimidade pode ser obtido através da combinação entre as perspectivas institucional e de gerenciamento de impressões.

O gerenciamento de impressões pode também ser entendido como um processo de comunicação onde são criadas e enviadas mensagens para uma audiência com o objetivo de transmitir determinada imagem ou impressão. O objetivo do 'gerenciamento da imagem' é produzir um "retrato" (uma "descrição"), com certo apelo, de uma organização para vários públicos - empregados, consumidores, acionistas, governo - e posicioná-lo de um modo positivo de maneira que: o fato de que as corporações têm de sobreviver em ambiente crescentemente complexo e politizado significa que os gerentes devem considerar aspectos de legitimidade da percepção da sociedade sobre a corporação em um nível mais elevado. Obedecer às leis e produzir lucros não é suficiente. Várias demandas relativas a ecologia, tratamento igualitário de gêneros e minorias, empregados etc. devem também ser satisfeitos.

Portanto, vale destacar que o gerenciamento de impressões deve ser tratado dentro de um sentido amplo, que inclui estratégias e táticas que visam tanto a construção de imagens positivas quanto negativas.

Entretanto, parte-se do princípio que estas imagens, positivas ou negativas, são imagens legitimadas pelos constituintes-chave do ambiente. Para este propósito, são consideradas as ferramentas de comunicação corporativa utilizadas nas organizações para implementar estratégias e táticas de gerenciamento de impressões. É também importante salientar que uma estratégia de comunicação interna deve ser implementada com o objetivo de se integrar todas as áreas que deverão estar orientadas para o alcance do resultado esperado e previamente determinado pela organização.

6.5. Os valores das empresas

O valor das organizações pode ser dividido em dois grandes grupos. O grupo dos valores tangíveis (estoques, máquinas, equipamentos, produtos etc.) e o grupo dos valores intangíveis (serviços, atendimento, pessoas, garantias, capacidade de aprender, capacidade de inovar etc.).

Podemos afirmar que, na Era do Conhecimento, saímos da Era do Tangível para entrarmos na Era do Intangível. Vários são os sinais dessa transição, dentre os quais se destacam fatores como a globalização, a valorização das questões locais e culturais, o aumento exponencial das pressões da sociedade organizada (com o crescimento das ONGs, por exemplo), a mudança de foco de empresas tradicionais, a relevância econômica e cultural das multinacionais, a migração da hegemonia do capital de países para empresas, o crescimento do número de fusões e aquisições, as fraudes contábeis, o crescimento da *internet*, o aumento generalizado da insegurança individual, profissional e social, o fortalecimento do profissional do tipo VOCÊ S.A., e assim por diante.

Sem dúvida alguma, no entanto, o indicador mais característico desse processo que vivemos mundialmente é o crescimento exponencial do volume de empregos gerados nos setores de serviços e comércio *versus* a redução de empregos nos setores industrial e agrícola, e a consequente migração de valor e relevância econômica – traduzida em consumo – que as empresas mais "intangíveis", digamos assim, assumem nos mercados e países.

Dessa forma, evoluímos rumo a uma rediscussão completa dos modelos atuais de valoração de ativos, que hoje respondem à lógica agroindustrial e deixam enormemente a desejar quanto a incluir os chamados ativos intangíveis em suas estruturas.

As organizações começam a avaliar a importância dos "intangíveis" na percepção de valor do consumidor que a partir daí dispara o processo de compra e permanência e nomeia a empresa como empresa legítima, passando dessa forma a vender credibilidade.

Os clientes internos passam a ter uma importância extremamente relevante nas decisões empresariais e os investimentos neles passam a fazer parte do dia a dia das organizações.

6.6. A gestão do capital humano

Em um estudo realizado pela *Hay Group do Brasil*, as 35 empresas com melhor gestão de pessoas são as que têm margem líquida 38% superior à média.

Hoje, vivemos uma nova questão no que se refere à vantagem competitiva: a da gestão do capital humano. Agora, diferenciam-se as organizações capazes de colocar em prática o novo desejo da grande maioria delas: "atrair e reter talentos". Afinal, como conseguir produtividade, qualidade e satisfação dos clientes sem que os clientes internos trabalhem felizes, contentes e satisfeitos?

O QUE A PESQUISA MOSTRA:

Apesar de tudo isso parecer bastante óbvio, poucas são as empresas que hoje conseguem colocar o discurso em prática e obter verdadeira vantagem competitiva nos negócios pela gestão de seu capital humano.

Em pesquisa realizada com 185 empresas no Brasil, pudemos constatar que as 35 empresas com melhores resultados de clima organizacional tiveram margem líquida 38% superior e rentabilidade sobre o patrimônio líquido 25% superior em comparação com os resultados de todas as participantes.

Isso comprova que tais organizações têm alcançado melhores resultados nos negócios por meio de boas práticas na gestão de pessoas. O que as diferencia?

Descobrimos cinco características:

1. Agilidade de mudança e capacidade de agir de forma integrada

O avanço da tecnologia e, consequentemente, da globalização torna o ambiente de negócios cada dia mais complexo. O conhecimento está disponível como nunca esteve e, portanto, a velocidade de resposta da concorrência é absurdamente maior e mais efetiva. Assim, um dos principais fatores críticos do sucesso na gestão está na agilidade de execução das empresas. Além disso, esse ambiente complexo exige que as organizações trabalhem de forma mais integrada, pois as competências fundamentais para o negócio estão distribuídas entre áreas distintas que precisam caminhar alinhadas.

As melhores empresas na gestão de pessoas possuem processos mais ágeis de tomada de decisão e de adaptação ao ambiente externo (mercado, concorrência, economia etc.), assim como planos e atividades mais integrados entre as diferentes áreas.

2. Processos de comunicação eficazes, transparentes e multilaterais

Se no passado a gestão das empresas se caracterizava por um processo de comunicação unilateral (*top down*) e a informação era tida como poder, à qual poucos tinham acesso de forma transparente, hoje essas práticas se mostram, além de ultrapassadas, bastante ineficazes. Em um mercado em que a oferta é maior que a demanda, as organizações tiveram de aproximar-se dos clientes e, com isso, quebrar grandes estruturas hierárquicas nas quais existiam muito mais papéis e responsabilidades individuais e de acordo com o *status*. Atualmente, essas estruturas inchadas têm dado espaço a estruturas cada vez mais planas, matriciais e com responsabilidades compartilhadas, ou seja, existe clara interdependência de papéis, fazendo com que as pessoas se comuniquem e exponham suas ideias de forma transparente e aberta.

As melhores empresas na gestão de capital humano possuem processos de comunicação mais eficazes e oferecem mais oportunidades para que as pessoas possam apresentar suas sugestões e mesmo discutir com os gestores sobre a definição de metas individuais. Além disso, elas são mais transparentes quanto à divulgação das regras e políticas corporativas.

3. Clareza sobre oportunidades de desenvolvimento e carreira

O que mais diferencia as melhores empresas na gestão de pessoas está relacionado com a clareza sobre oportunidades de desenvolvimento. Essas organizações são sensíveis a alguns aspectos que mudaram no que diz respeito à maneira como as pessoas têm encarado o trabalho.

No passado, a principal razão para trabalhar era a sobrevivência; hoje, as pessoas, principalmente as mais talentosas, encaram o trabalho como uma grande oportunidade de desenvolvimento. No passado, a profissão ideal era aquela que oferecia o melhor salário; hoje, as pessoas estão muito mais preocupadas com o prazer que terão em desempenhar determinada atividade. No passado, a empresa ideal onde trabalhar era aquela que garantia estabilidade de emprego; hoje, é a que oferece mais oportunidades de desenvolvimento. E, por fim, o sonho do trabalhador do passado era a aposentadoria, enquanto o dos indivíduos talentosos de hoje é realizar-se profissional e pessoalmente.

As melhores empresas na gestão de capital humano são capazes de proporcionar maior clareza sobre as reais oportunidades de desenvolvimento profissional e de carreira das pessoas. Isso é possível com critérios bem estabelecidos e com a abertura concedida pelos líderes para dialogar sobre o tema.

4. Gestão e reconhecimento por desempenho de maneira satisfatória

Do ponto de vista da empregabilidade, em um passado pouco recente, a formação acadêmica era a grande chave para o sucesso dos talentos. Hoje já se sabe que, com a velocidade das mudanças e do mercado, uma pessoa, para ser reconhecida como "talento", precisa mostrar-se capaz de acompanhar essas mudanças, e isso só é possível por meio da contínua demonstração de resultados.

As melhores empresas na gestão de capital humano possuem não apenas processos eficazes de gestão de desempenho com regras claras como também líderes preparados que conseguem fazer isso de forma satisfatória para as pessoas. Além disso, os processos de reconhecimento e de oportunidades de desenvolvimento estão mais alinhados ao desempenho individual.

5. Ambiente de alta motivação e valorização

Quase como consequência natural dos quatro aspectos anteriores, as melhores empresas na gestão de capital humano possuem líderes capazes de criar um ambiente de grande motivação e de proporcionar alto sentimento de valorização nas pessoas.

Elas também demonstram maior preocupação com a qualidade de vida de seus profissionais, o que fica evidente quando realizam atividades, eventos ou programas com esse propósito.

OUVIR é o primeiro passo:

Procurar obter vantagens competitivas através da gestão de talentos passa a ser um grande diferencial das empresas modernas.

Querer e saber ouvir os clientes internos das empresas é o primeiro passo para obter vantagens competitivas através da gestão do capital humano.

O estudo *Hay Group* mostra que as empresas que têm obtido vantagem competitiva por meio da gestão de seu capital humano se diferenciam porque:

- Possuem agilidade de mudança e capacidade de agir de forma integrada.
- Têm processos de comunicação eficazes, transparentes e multilaterais.
- São capazes de proporcionar clareza sobre as reais oportunidades de desenvolvimento e carreira das pessoas na organização.
- Gerenciam e reconhecem as pessoas por desempenho de maneira satisfatória.
- Proporcionam ambientes de alta motivação e valorização das pessoas.

Segundo Getulio Apolinário Ferreira:

> *"Há uma correlação positiva entre as melhores empresas para se trabalhar e as mais lucrativas, como há também uma correlação positiva entre estas melhores empresas e o grau de felicidade e motivação dos funcionários que nelas trabalham. Portanto uma organização com funcionários motivados e felizes tem boas chances de lucratividade, ou de resultados nas organizações sem fins lucrativos.*
>
> *Vários pesquisadores em todo o mundo são unânimes em afirmar: as empresas de sucesso têm como base fundamental as pessoas. O fator humano tem, portanto, um significativo peso nas conquistas e realizações empresariais, como pode também ser um fator negativo na conquista dos melhores resultados. Claudios D'artagnan, guru da qualidade no Brasil, dizia: é mais fácil desmotivar do que motivar as pessoas. Ou também, chefes desmotivam os funcionários com base no: manda quem pode, obedece quem tem juízo, mas os líderes treinadores (coach) estabelecem a motivação de seus funcionários com base em atitudes de confiança, delegação e comprometimento."*
>
> (Fonte: http://www.folhavitoria.com.br/economia/blogs/gestaoeresultados/2012/03/09/felicidade-e-motivacao-causas-e-efeitos/ - dia 05/10/2015 às 17h50)

Já afirmamos anteriormente que, se uma empresa promove um ambiente de trabalho saudável fazendo com que os funcionários trabalhem alegres, felizes e satisfeitos, a tendência é de que alcançará resultados mais produtivos.

A professora Christie Scollon, da Universidade de Administração de Cingapura, foi citada recentemente pela jornalista Della Bradshaw, do *Financial Times*, que destacou alguns de seus estudos sobre a felicidade no ambiente de trabalho e como ela pode ser determinante para a melhoria dos resultados empresariais e dos negócios. A professora demonstrou em sua pesquisa que pessoas mais felizes ganham mais, gostam de trabalhar na empresa, são mais produtivas, são mais flexíveis, são mais saudáveis e mais criativas nas soluções de problemas.

Organizações como Google e Facebook são sempre citadas em diversas pesquisas como exemplos. Elas podem servir de exemplo pois demonstram que os funcionários, trabalhando felizes e contentes, produzem bem mais e alcançam resultados além das metas estabelecidas. A empresa de Mark Zuckerberg foi eleita a melhor empresa do mundo para se trabalhar. Os números alcançados pelo Facebook refletem a satisfação dos funcionários nos resultados financeiros da companhia que superaram todas as estimativas de mercado para o primeiro semestre de 2015.

Outro exemplo podemos citar no livro "Primeiro os Colaboradores, depois os Clientes - Virando a Gestão de Cabeça para Baixo". O livro é a narrativa de um CEO, escrita na primeira pessoa, sobre como ele transformou sua organização, então em lenta decadência, em uma máquina de vitalidade e crescimento. Como diretor-presidente da HCL, Vineet Nayar promoveu uma radical transformação no conglomerado, alcançando crescimento notável ao tempo em que conquistava a posição de melhor empregador da Índia e um dos 25 melhores da Ásia.

Sua história mostra como uma empresa pode se concentrar em seus criadores de valor – os colaboradores da linha de frente – para crescer e lucrar ainda mais. Hoje a HCL conta com 55 mil trabalhadores e receita de 2,5 bilhões de dólares.

Sabemos que não se trata de uma tarefa muito fácil de ser executada. Muitas organizações vêm buscando criar ambientes para atrair e reter talentos, mas ainda são poucas aquelas que têm conseguido transformar essa ideia em resultados efetivos. As que conseguem acabam realmente se destacando no mercado.

Não podemos deixar de enfatizar o seguinte conselho:

> "Se a empresa faz investimentos vultosos para conquistar e manter clientes externos, ela deve fazer grandes investimentos para conquistar e manter seus clientes internos, ou seja, para conquistar e manter os seus maiores talentos e o seu maior patrimônio...PESSOAS". (FERNANDO R. A. MARCHESINI).

Conclusão

O mundo vem passando por grandes mudanças. A tecnologia passa a ser utilizada com o objetivo de diminuir as distâncias entre as nações através do compartilhamento de informações. O gerenciamento estratégico das informações passa a ser utilizado como ferramenta importante pelas grandes empresas com o objetivo de descobrirem diferenciais competitivos, pois os produtos e serviços são muito parecidos. Portanto, os consumidores, que também passam a ter acesso a todas essas informações, tornam-se muito mais exigentes no momento da decisão de compra, e no momento da busca por uma melhor relação custo *versus* benefícios.

Nós estamos nos tornando cada vez mais exigentes. Muitas empresas oferecem produtos e serviços muito parecidos e com preços muito próximos. Portanto, podemos perguntar: "O que realmente faz diferença na hora da escolha de um produto ou serviço?"

Como já comentamos anteriormente, produtos, serviços, benefícios e preços são facilmente copiáveis, mas os **valores** não. A percepção dos clientes em relação aos valores da sua empresa sempre se dá de forma diferente. Tudo estará relacionado ao tratamento que eles receberão.

Eric Almquist, Andy Pierce e César Paiva afirmam em seu artigo que, antes de montar um sistema de aumento de valor para os clientes de sua empresa, o ponto de partida é buscar as respostas das seguintes perguntas:

– Sabemos quem são os nossos melhores clientes?

– Entendemos as necessidades e prioridades atuais de nossos clientes, como elas estão mudando e por quê?

– Nossa proposição de valor para o cliente é atraente, singular e diferenciada das do concorrente?

– Estamos preparados para dar aos clientes o poder de escolha e de decisão que desejam hoje e no futuro?

– Sabemos quais alavancas puxar para melhorar a aquisição, o desenvolvimento e a retenção de clientes?

- Estamos gerindo ativamente os clientes para maximizar o valor e lucros que podemos obter?

- Sabemos o valor de nossas marcas para clientes, funcionários e investidores e o que pode aumentar e diminuir esse valor?

– Estamos atingindo o potencial pleno de nossa marca?

– Medimos e monitoramos o impacto de satisfazer os clientes sobre os resultados do negócio?

– Nossos processos, operações e organização são tão voltados para o cliente quanto deveriam ser?

– Estamos usando o potencial da *internet* e das redes sociais para criar valor para os nossos clientes?

– Estamos investindo na melhoria contínua das impressões passadas pela nossa empresa para os nossos clientes?

– Estamos fazendo todos os investimentos necessários para os nossos clientes internos para que eles passem aos nossos clientes externos as melhores impressões possíveis sobre a nossa empresa, nossos produtos e a nossa marca?

– Estamos vendendo "valores" ao invés de apenas produtos e serviços?

As respostas estão nas pessoas. Nos estados emocionais. Na vontade e motivação de elas realmente procurarem fazer toda a diferença. Não adianta absolutamente nada responder às perguntas anteriores se as pessoas não estiverem envolvidas nos processos de valores de uma empresa.

A empresa deve começar a fazer a diferença sempre de dentro para fora.

ROBINETT e BRAND, em seu livro "Marketing Emocional", afirmam que as empresas estão sempre em busca de diferenças substanciais que façam com que o cliente desenvolva um compromisso continuado de compra. Mas se esquecem, na maioria das vezes, do empregado. Ele é quem responde pela diferença. A empresa necessita desenvolver uma política de retenção do seu cliente interno e dos seus talentos.

Deve pesquisar para descobrir o que realmente gera valor para eles e tentar atender, da melhor forma possível, seus anseios, suas necessidades e suas expectativas.

Segundo Daniel Goleman em seu livro "Inteligência Emocional", as empresas devem investir cada vez mais em seus talentos e conquistar diferenciais apostando em sua inteligência emocional.

Assim sendo, as empresas que pretendem alcançar o sucesso nesse mercado instável e competitivo devem adotar instrumentos que venham facilitar a comunicação com o seu público (interno e externo), despertando o interesse e criando novos critérios de escolha no momento em que esse público parte para suas decisões.

O gerenciamento de valores e das impressões surge, então, como um instrumento que poderá ser adotado pelas empresas com o objetivo de fazer com que elas conquistem sua legitimidade no ambiente em que atuam, utilizando, para isso, ferramentas que proporcionem a interação entre elas e esse ambiente. A importância do estudo da cultura organizacional deverá estar voltada para todo o processo.

É importante salientar a importância do estudo que deve ser feito da percepção dos consumidores num determinado ambiente específico, para que as empresas possam estabelecer e adotar ferramentas de comunicação que os convença a adotar o compromisso continuado de compra, promovendo, dessa forma, a conduta de parceria. O mais importante é transformar o cliente em cliente vendedor. Também mostrou a forma como a empresa deve se posicionar no mercado com o objetivo de buscar a confiança do público-alvo no seu negócio, estabelecendo assim uma forma de relacionamento duradoura entre a empresa e a sociedade na qual ela se encontra inserida.

Torna-se, também, de vital importância para as organizações a adoção de medidas que demonstrem o quanto elas são responsáveis socialmente, melhorando, dessa forma, o Marketing externo na percepção dos consumidores. A questão responsabilidade social está, cada vez mais, sendo adotada pelas empresas como mais uma forma de elas se destacarem entre as outras que atuam no mesmo segmento de mercado e competem entre si.

Este livro foi motivado pelo desejo de responder à seguinte questão: **"Qual a relevância da utilização do gerenciamento de valores emocionais e das impressões como instrumentos de busca, pelas empresas, da sua legitimação no ambiente e como ferramentas para a melhoria de seus resultados?"** A pesquisa bibliográfica levada a efeito permite concluir que o nível de exigência dos consumidores está cada vez maior e, assim sendo, as empresas que pretendem alcançar o sucesso nesse novo cenário devem estar preocupadas com sua imagem e como os consumidores a percebem, fazendo, dessa forma, com que eles valorizem mais os produtos, os serviços e a marca da empresa.

A esse processo chama-se gerenciamento de valores e impressões. Dentro desse escopo, procurei mostrar também o quanto é importante o relacionamento com esse consumidor, e o quanto é importante a valorização dos talentos empresariais, a fim de que as empresas possam perpetuar suas marcas no ambiente em que atuam e procurei demonstrar através dos resultados obtidos por empresas como Google e Facebook, que adotaram tais ferramentas e lucraram por superarem suas metas e seus objetivos organizacionais.

Fernando Marchesini, *PhD*.

Bibliografia

CANCLINI, N. G. *A globalização imaginada*. São Paulo: Ed. Iluminuras, 2003.

DOLAN, S.; GARCIA, S. *Managing by Values*: **cultural redesign for strategic organizational change ate the dawn of the 21st. century**. Journal of Management Development, vol.21, n. 2, 2002.

DOLAN, P. *Felicidade Construída*. Rio de Janeiro: Editora Objetiva, 2015.

DUBRIN, A. J. *Impression Management in the Workplace*: **Research, Theory and Practice (Hardcover)**. New York, NY 10017, USA: Routledge - Taylor & Francis Group, 2011.

EVANS, J. *Retail Management*: **A Strategic Approach**. 12. ed. UK: Pearson Education Ltd, 2013.

FAYARD, P. *O Inovador Modelo Japonês de Gestão do Conhecimento.* Porto Alegre: Bookman, 2010.

FERRIS, G. R.; RUSS, Gail S.; FANDT, P. M. *Politics in organizations*. In: GIACALONE, R. A.; ROSENFELD, P. (eds.). **Impression management in the organization**. Journal of Management. 2015. Vol. 41. no. 7.

WARTZ, L. G. et al. *Inteligência emocional na gestão de resultados*. São Paulo: Clio, 2012.

GARDNER, W. L.; PAOLILLO, J. G. P. *A taxonomy of organizational impression management tactics.* Indiana: Advances in competitiveness research, 1999.

GILBREATH, B. *Marketing com valor agregado.* São Paulo: Makron Books, 2011.

GORLICH, W. A. *Neuromarketing* – O marketing das emoções. Brainmedia (Plataforma IOs). 2014.

GRÖNROOS, C. *Marketing*: gerenciamento e serviços. 2. ed. Rio de Janeiro: Campus, 2004.

GROVE, S. J.; FISK, R. P. *Impression management in services marketing*: a dramaturgical perspective. In: GIACALONE, R. A. e ROSENFELD, P. (eds.). **Impression management in the organization.** USA: LEA, 1989.

HALL, J. *From capabilities to contentment*: Testing the links between human development and life satisfaction. In Helliwell, J. F.; Layard, R.; Sachs, J. (eds.), **World happiness report 2013 (pp. 138-153).** New York: Sustainable Development Solutions Network, 2013.

HICKS, S. (2012). *Measuring subjective well-being*: The UK Office for National Statistics experience. In Helliwell, J. F.; Layard, R.; Sachs, J. (eds.), **World happiness report.** New York: Earth Institute, 2012.

JOSEFOWITZ, N. Dr. *Consumer By our Consumer Society.* Posted: 12/19/2014. 04:21 pm EST. (http://www.huffingtonpost.com/dr-natasha-josefowitz/consumed-by-our-consumer-_b_6329190.html). 05/10/2015. 20:18h.

KARSAKLIAN, E. *Comportamento do Consumidor.* São Paulo: Atlas, 2012.

KOTLER, P. *MARKETING 3.0* – As forças que estão definindo o novo Marketing centrado no ser humano. Rio de Janeiro: Campos, 2010.

LAS CASAS, A. *Marketing Titânico* – Fracassos de Marketing em Empresas Brasileiras em momentos de crise. São Paulo: Saint Paul Editora, 2009.

MCCONNELL, B.; HUBA, J. *Citizen Marketers* – Clientes Armados e Organizados. São Paulo: Makron Books, 2008.

MACHADO-DA-SILVA, C.; GONÇAVES, S. A. *Nova técnica*: a teoria institucional. In: CLEGG, S. R.; HARDY, C.; NORD, W. R. (orgs.). **Handbook de estudos organizacionais**: modelos de análise e novas questões em estudos organizacionais. (orgs.). São Paulo: Atlas, 1999. v.1.

SOUZA, F. A. M. de. *Marketing Trends 2014.* São Paulo: Makron Books, 2014.

SOUZA, F. A. M. de. *Marketing Trends 2015*. São Paulo: Makron Books, 2015.

MADRUGA, R. *Guia de Implementação de Marketing de Relacionamento e CRM*. 2. ed. São Paulo: Atlas, 2010.

MARCONDES, S. F. S. *A importância da imagem corporativa como diferencial de mercado*. São Paulo: Escola de Administração de Empresas de São Paulo da Fundação Getúlio Vargas, 2000.

MARCONI, J. *Marketing em momentos de crise*. São Paulo: Makron Books, 2000.

McKENNA, R. *Marketing de relacionamento*. 13. ed. Rio de Janeiro: Campus, 1992.

MENDONÇA, J. R. C. de; ANDRADE, J. A. de. *Teoria Institucional e Gerenciamento de Impressões*: em busca de Legitimidade Organizacional através do Gerenciamento da Imagem Corporativa. In: **Encontro Nacional da Associação Nacional de Pós-graduação em Administração (ENANPAD),** Foz do Iguaçu, 1999, **Anais...**

MENDONÇA, J. R. C. de; ESPÍRITO SANTO, M. M. F.; VIEIRA, T. M. *Gerenciamento de Impressões, Comunicações e Ações Simbólicas como Elementos Facilitadores na Gestão de Processos de Mudança Organizacional*. In: **Encontro Nacional da Associação Nacional de Pós-graduação em Administração (ENANPAD),** Foz do Iguaçu, 1999, **Anais...**

MINTZBERG, H.; AHLSTRAN, B.; LAMPEL, J. *Safári de Estratégia*: **um roteiro pela selva do planejamento estratégico.** Porto Alegre: Bookman, 2000.

MOHAMED, A. A.; GARDNER, W., L.; PAOLILLO, J. G. H. *A taxonomy of organizational impressiom management tactics*. Indiana: Advances in Competitiveness Research, 1999.

MOTTA, P. R. *Transformação organizacional*: a teoria e a prática de inovar. 3. ed. Rio de Janeiro: Qualitymark, 2000.

NAYAR, V. *Primeiro os Colaboradores, depois os Clientes* - **Virando a Gestão de Cabeça para Baixo.** Porto Alegre: Bookman, 2011.

PENNA, A. G. *Percepção e Realidade*. Rio de Janeiro: Imago, 1982.

PEPPER, D.; ROGERS, M., PhD. *Enterprise one to one*. Nova York: Doubledat, 1997.

PEREZ JÚNIOR, J. H.; OLIVIERI NETO, R.; SILVA, C. A. S. **Relatório Integrado.** São Paulo: Atlas, 2014.

PINKER, S. ***Como a mente funciona***. 9. ed. São Paulo: Companhia das Letras, 2008.

PRATES, A. A. P. Organização e instituição no velho e novo institucionalismo. In: ***Novas perspectivas na administração de empresas***: **uma coletânea luso-brasileira.** RODRIGUES, S. B.; CUNHA, M. P. (orgs.), São Paulo: Iglu, 2000.

PREDEBOM, J. ***Propaganda: profissionais ensinam como se faz.*** São Paulo: Atlas, 2000.

REED, M. ***Teorização organizacional: um campo historicamente contestado***. In: CLEGG, S. R.; HARDY, C.; NORD, W. R. (orgs.); CALDAS, M.

RICHERS, R. ***Surfando as ondas do mercado***. 2. ed. São Paulo: RR&CA Editora, 1996.

RICHINS, M. L.; DAWSON. ***A consumer values orientation for materialism and its measuring***: scale development and validation. **Journal of Consumer Research,** December 1992, p.19.

RIES, Al; TROUT, J. ***Posicionamento: como a mídia faz sua cabeça***. 4. ed. São Paulo: Pioneira, 2000.

ROBINETTE, S.; BRAND, C. ***Marketing emocional.*** São Paulo: Makron Books, 2002.

ROCHA, A. ***Empresas e clientes***: um ensaio sobre valores e relacionamentos no **Brasil.** São Paulo: Atlas, 2000.

RODRIGUES, F. ***A influência do Neuromarketing nos processos de tomada de decisão***. Portugal: Editora Psicosoma, 2011.

ROSENFELD, P. ***Impression management, fairness and the employment interview***. **Journal of Business Ethics.** Dordrecht; jun, 1997.

SAPIRO, A. ***Formação e mudança de imagem*** (uma pesquisa exploratória sobre formação e alteração da imagem de produtos, organizações, pessoas, etc.). São Paulo: Escola de Administração de Empresas de São Paulo da Fundação Getúlio Vargas, 1993.

SCHIFFMAN, H. R. ***Sensação e Percepção***. 5. ed. São Paulo: GEN, 2005.

SCHLENKER, B. R. ***Impression Management***: the self-concept, social identity, and interpessol relations. USA: Brooks/Cole, 1980.

SCOTT, W. R. *Unpacking institutional arguments*. In: POWELL, W.; DiMAGGIO, P. (ed.). The new institutionalism in organizational analysis. *University of Chigaco Press*, Chigaco, 1991, p.164-182.___. The organizational environments: networks, cultural, and historical elements. In: MEYER, J.; SCOTT, W. R. *Organizational environments, ritual and rationality*. Newbury Park, CA: Sage, 1992._____. *Institutions and Organizations*. Thousand Oaks, California: Sage, 1995a._____. *Organizations, rational, natural and open systems*. 4. ed. New Jersey: Prentice Hall, 1995b._____ e MEYER, J. W. *The organization of societal sector*. In: MEYER, J. W.; SCOTT, W. R. *Organizational environments*: ritual and rationality. Beverly Hills, California: Sage, 1983. p. 129-153.

SHELLENBARGER, S. *Work & family*. The Wall Street Journal. 2000.

SOLOMON, M. R. *O comportamento do Consumidor* - **Comprando, Possuindo e Sendo** – 9. ed. Porto Alegre: Bookman, 2011.

SOUKI, O. *Paixão por Marketing*. 7. ed. São Paulo: Novo Século Editora, 2012.

TACHIZAWA, T. *Gestão ambiental e responsabilidade social corporativa*: **estratégias de negócios focadas na realidade brasileira**. 8. ed. São Paulo: Atlas, 2015.

UAE. (2015). *Happiness*: A UAE perspective. http://www.ecc.ae/about/vision-2021 , 2015.

VERGARA, S. C. *Projetos e Relatórios de Pesquisa em Administração*. 15ª. ed. Rio de Janeiro: Atlas, 2014.

WIEST, M.; SCHUZ, B.; WEBSTER, N.; WURM, S. (2011). *Subjective well-being and mortality revisited*: **Differential effects of cognitive and emotional facets of well-being on mortality**. Health Psychology, 30(6), 728, 2011.